Para

com votos de paz.

/ /

DIVALDO FRANCO
Pelo Espírito JOANNA DE ÂNGELIS

LEIS MORAIS DA VIDA

Salvador
16. ed. – 2025

COPYRIGHT ©(1975)
CENTRO ESPÍRITA CAMINHO DA REDENÇÃO
Rua Jayme Vieira Lima, 104
Pau da Lima, Salvador, BA.
CEP 412350-000
SITE: https://mansaodocaminho.com.br
EDIÇÃO: 16. ed. (4ª reimpressão) – 2025
TIRAGEM: 1.000 exemplares (milheiro 87.200)
COORDENAÇÃO EDITORIAL
Lívia Maria Costa Sousa

REVISÃO
Iana Vaz · Luciano Urpia
CAPA
Cláudio Urpia
MONTAGEM DE CAPA
Ailton Bosco
EDITORAÇÃO ELETRÔNICA
Eduardo Lopez
COEDIÇÃO E PUBLICAÇÃO
Instituto Beneficente Boa Nova

PRODUÇÃO GRÁFICA
LIVRARIA ESPÍRITA ALVORADA EDITORA – LEAL
E-mail: editora.leal@cecr.com.br

DISTRIBUIÇÃO
INSTITUTO BENEFICENTE BOA NOVA
Av. Porto Ferreira, 1031, Parque Iracema. CEP 15809-020
Catanduva-SP.
Contatos: (17) 3531-4444 | (17) 99777-7413 (WhatsApp)
E-mail: boanova@boanova.net
Vendas on-line: https://www.livrarialeal.com.br

Dados Internacionais de Catalogação na Publicação (CIP)
(Catalogação na fonte)
BIBLIOTECA JOANNA DE ÂNGELIS

F825   FRANCO, Divaldo Pereira. (1927)

Leis morais da vida. 16. ed. / Pelo Espírito Joanna de Ângelis
[psicografado por] Divaldo Pereira Franco, Salvador: LEAL, 2025.
224 p.
ISBN: 978-85-8266-227-4

1. Espiritismo 2. Moral 3. Título
I. Título II. Divaldo Franco

CDD: 133.93

Bibliotecária responsável: Maria Suely de Castro Martins – CRB-5/509

DIREITOS RESERVADOS: todos os direitos de reprodução, cópia, comunicação ao público e exploração econômica desta obra estão reservados, única e exclusivamente, para o Centro Espírita Caminho da Redenção. Proibida a sua reprodução parcial ou total, por qualquer meio, sem expressa autorização, nos termos da Lei 9.610/98.
Impresso no Brasil | Presita en Brazilo

SUMÁRIO

I   DA LEI DIVINA OU NATURAL   9
     Leis morais da vida   11

II   DA LEI DE ADORAÇÃO   15
   1   Amar a Deus   17
   2   Oração no lar   19
   3   Decisão na verdade   23
   4   Muitos chamados   27
   5   Benfeitores desencarnados e problemas humanos   29
   6   Agradecimento   33

III   DA LEI DO TRABALHO   35
   7   A bênção do trabalho   37
   8   Trabalho de última hora   41
   9   Bens materiais   43
  10   Fracasso e responsabilidade   45
  11   Considerando o arrependimento   47
  12   Tranquilidade   51

IV   DA LEI DE REPRODUÇÃO   53
  13   Perante a vida   55
  14   Limitação de filhos   57
  15   Filho deficiente   61
  16   Deveres dos pais   65
  17   Deveres dos filhos   69
  18   Afinidade e sintonia   71

V	DA LEI DE CONSERVAÇÃO	75
19	O dinheiro	77
20	Desperdícios	81
21	Presença do egoísmo	85
22	Amor-próprio	89
23	Renovação	93
24	Heroísmo da resignação	97

VI	DA LEI DE DESTRUIÇÃO	101
25	Hostilidades	103
26	Considerando o medo	107
27	Companheiros perigosos	111
28	Agressividade	115
29	Ante dissensões	117
30	Eles vivem	121

VII	DA LEI DE SOCIEDADE	125
31	Intercâmbio social	127
32	Participação na felicidade	131
33	Amizades e afeições	133
34	Abnegação	137
35	Refregas da evolução	141
36	Referências encomiásticas	145

VIII	DA LEI DO PROGRESSO	149
37	Diante do progresso	151
38	Diante do destino	155
39	Dores e justiça	157
40	Vícios e delitos	159
41	Passado e dor	163
42	Prosseguir sempre	167

IX	Da Lei de Igualdade	171
	43 Críticos impiedosos	173
	44 Julgamento errôneo	175
	45 Glórias e insucessos	179
	46 Sob dores extenuantes	181
	47 De ânimo inquebrantável	185
	48 Ingratidão	187

X	Da Lei de Liberdade	189
	49 Direito de liberdade	191
	50 O bem, sempre	195
	51 Segurança íntima	197
	52 Erro e queda	199
	53 Na esfera dos sonhos	203
	54 Exigência da fé	207

XI	Da Lei de Justiça, de Amor e de Caridade	209
	55 Ante o amor	211
	56 Desarmamento íntimo	213
	57 Caridade para com os adversários	215
	58 Confiança e amor	217
	59 Auxílio a sofredores	219
	60 Terapêutica do amor	221

I
Da Lei Divina ou Natural

614. Que se deve entender por lei natural?

"A lei natural é a lei de Deus. É a única verdadeira para a felicidade do homem. Indica-lhe o que deve fazer ou deixar de fazer, e ele só é infeliz quando dela se afasta."

(O Livro dos Espíritos)

Leis Morais da Vida

Leis morais da vida

São de todos os tempos as leis morais da vida, estabelecidas pelo Supremo Pai. Invioláveis, constituem o roteiro de felicidade pelo rumo evolutivo, impondo-se, paulatinamente, à inteligência humana, achando-se estabelecidas nas bases da harmonia perfeita em que se equilibra a criação.

Reveladas através dos tempos, a pouco e pouco, não se submetem às injunções transitórias das paixões humanas, que sempre desejaram padronizá-las ao próprio talante, submetendo-as às suas torpes determinações.

Inspiradas à Humanidade pelas forças vivas da Natureza desde os dias do "homem primitivo", passaram a constituir a ética religiosa superior de todos os povos e de todas as nações.

Leis naturais de amor, justiça e equidade, são o fiel da conquista do Espírito que, na preservação dos seus códigos sublimes e na vivência da sua legislação, haure o próprio engrandecimento e plenitude.

O desacato, a desobediência aos seus códigos engendram o sofrimento e o desalinho do infrator, que de forma alguma consegue fugir ao reajuste produzido pela rebeldia ou insânia de que se faz portador.

Profetas, legisladores e sábios têm sido os maleáveis instrumentos de que se utilizou o Pai Amantíssimo, através dos tempos, *a fim de que o homem, no ergástulo carnal,* pudesse encontrar *a rota segura para atingir o reino venturoso que o espera.*

Entre todos, foi Jesus o protótipo da misericórdia divina, "o tipo mais perfeito que Deus tem oferecido ao homem, para lhe servir de guia e modelo", o próprio Rei Solar.

Vivendo em toda a pujança o estatuto das "leis morais", deu cumprimento às de ordem humana, submetendo-se, pacificamente, instaurando o período fundamentado na lei de amor, que resume todas as demais e as comanda com inexcedível mestria.

Modelo a ser seguido, ensinou pelo exemplo e pelo sacrifício, selando em testemunho supremo a excelência do seu messianato amoroso, mediante a doação da vida, incitando-nos a incorporar ao dia a dia da existência a irrecusável lição do seu auto-ofertório santificante.

⚖

Inspiramo-nos, para elaborar esta obra, no incomparável O Livro dos Espíritos, *de Allan Kardec, Parte Terceira – Das leis morais.*

Não pretendemos produzir um trabalho de exegese doutrinária, mas respingar alguns conceitos e opiniões atuais nas nobres e relevantes lições ali exaradas, por considerarmos insuperável e de profunda momentaneidade a obra kardequiana, repositório fiel do Consolador, conforme prometido por Jesus.

Dividimos o nosso estudo nas onze leis morais, conforme a classificação kardequiana, utilizando-nos de variado assunto para a meditação e a renovação íntima daqueles que se interessam pela Doutrina Espírita, ou que, no báratro destes dias de inquietação, padecem a sede de Deus, requerem ao Alto respostas imediatas às interrogações afligentes, pedem orientações...

O homem viaja com os seus formidáveis bólides espaciais fora da órbita da Terra, e, todavia, não se conhece a si mesmo.

Descobre o mundo que o fascina e não se penetra das responsabilidades morais que lhe cabem.

Altera a face do planeta que habita e pretende modificar as leis morais que regem o Universo, mergulhando, então, em profunda amargura.

Apresenta conceitos valiosos e concepções de audaciosa matemática, desvendando as leis da gravitação, da aglutinação das moléculas, da estrutura genética dos seres e, todavia, impõe absurdas determinações no campo moral, legalizando o aborto, ressuscitando a pena de morte, programando a família mediante processos escusos, precipitados, advogando a dissolução dos vínculos matrimoniais, estimulado por terrível licenciosidade, fomentando a guerra...

Há dor e loucura, fome, miséria moral e social em larga escala, num atestado inequívoco do primarismo moral que vige em indivíduos e coletividades ditos civilizados...

As leis morais da vida são impostergáveis.

Ninguém as derroca; não as subestima impunemente; não as ignora, embora desejando fazê-lo. Estão insculpidas na consciência das criaturas. Mesmo o bruto sente-as em forma de impulsos ou pelo luzir da sua grandeza transcendente nos pródromos de inteligência...

⚖

Leis imutáveis são as leis da vida.

Algumas destas páginas aparecem oportunamente em letras de forma, no periodismo espírita como no leigo.

Aqui estão refundidas umas, reajustadas outras, por nós mesma, para melhor entrosamento no conjunto da obra.

A modesta contribuição ora reunida neste volume objetiva despertar sentimentos elevados, clarear mentes em aflição ou que dormem na ignorância das verdades espirituais, contribuindo com as Vozes dos Céus no desiderato da edificação da nova Humanidade com Jesus para o milênio porvindouro.

Dando-nos por trabalhadora que reconhece sua pouca valia, exoramos a proteção do Mestre incomparável para todos nós, seus discípulos imperfeitos, embora amorosos, que tentamos ser.

Salvador, 7 de maio de 1975.

JOANNA DE ÂNGELIS

II

DA LEI DE ADORAÇÃO

649. Em que consiste a adoração?

"Na elevação do pensamento a Deus. Deste, pela adoração, aproxima o homem sua alma."

659. Qual o caráter geral da prece?

"A prece é um ato de adoração. Orar a Deus é pensar n'Ele; é aproximar-se d'Ele; é pôr-se em comunicação com Ele. A três coisas podemos propor-nos por meio da prece: louvar, pedir, agradecer."

(O Livro dos Espíritos)

---

1 AMAR A DEUS

2 ORAÇÃO NO LAR

3 DECISÃO NA VERDADE

4 MUITOS CHAMADOS

5 BENFEITORES DESENCARNADOS E PROBLEMAS HUMANOS

6 AGRADECIMENTO

1
AMAR A DEUS

Amor é vida.

Sem o amor de Deus, que tudo vitaliza, a Criação volveria ao caos do princípio.

Antes, portanto, do amor não havia Criação, porque Deus é amor.

Sem amor ao próximo não se pode amar a Deus.

Nesse particular, o Evangelho é todo um hino ao Criador, mediante o eloquente testemunho de amor ao próximo apresentado por Jesus.

Em todos os Seus passos o amor se exterioriza numa canção de feitos, renovando, ajudando e levantando os Espíritos.

Não podendo o homem romper a caixa escura do egoísmo, saindo de si na direção da criatura, sua irmã, dificilmente compreenderá o impositivo do amor transcendente em relação à Divindade.

Quando escasseiam os recursos da elevação interior pelo pensamento vinculado ao Supremo Construtor do Cosmo, devem abundar os esforços no labor da fraternidade em direção às demais criaturas, do que decorre, inevitavelmente, a vinculação amorosa com Deus. Porquanto ninguém pode pensar no próximo sem proceder a uma imperiosa necessidade de fazer interrogações que levam à Causa central.

O homem constitui, indubitavelmente, um enigma que só à luz meridiana da reencarnação – técnica do amor e da Justiça Divina – pode ser entendido.

Na vida, sob qualquer expressão, está manifesto o amor. Mediante o amor animam-se as forças atuantes e produtivas da Natureza, no mineral, no vegetal, no animal, no homem e no anjo.

Dilata, desse modo, as tuas expressões íntimas, dirigindo-as para o bem e não te preocupes com o mentiroso triunfo do mal aparente.

Exalça a vida e não te detenhas na morte.

Glorifica o dever e não te reportes à anarquia.

Fala corretamente e retificarás os conceitos infelizes.

Se te impressionam as transitórias experiências do primitivismo e da barbárie que ainda repontam na Terra, focaliza a beleza e superarás as *sombras* e inquietações...

A maneira mais agradável de adorar a Deus é elevar o pensamento a Ele, por meio do culto ao bem e do amor ao próximo.

Desce à dor e ergue o combalido à saúde íntima; mergulha no paul e levanta ao planalto os que ali encontres; curva-te para socorrer, no entanto, ascende no rumo de Deus pelo pensamento ligado ao Seu amor e vencerás os óbices.

Se desejas, todavia, compreender a necessidade de amar a Deus, acompanha o desabrochar de uma rosa, devolvendo o perfume à vida, o que extrai do solo em húmus e adubo... Fita uma criança, detém-te num ancião...

Ama, portanto, pelo caminho, quanto possas – plantas, animais, homens, e te descobrirás, por fim, superiormente, amando a Deus.

2
ORAÇÃO NO LAR

A transformação do lar em célula viva do Cristianismo operante constitui labor impostergável.

Por mais valiosas se façam as conquistas externas na atividade quotidiana, com vistas ao progresso e à felicidade, se tais aquisições não encontrarem fundações de segurança no reduto doméstico, far-se-ão edificações em constante perigo.

Isto porque o lar é a matriz geradora da comunidade ditosa, sobre o qual repousam os sustentáculos das nacionalidades progressistas.

Os distúrbios internos em qualquer máquina de serviço provocam prejuízo na rentabilidade, quando não se dá a paralisação do trabalho com danos imprevisíveis.

A família é o fulcro da maior importância para o homem.

Não obstante os complexos mecanismos da reencarnação, os fatores criminógenos ou os estímulos honoráveis encontram no núcleo familiar as condições fomentadoras para o eclodir das paixões insanas como o das sublimes. Obviamente, nesse capítulo, de quando em quando surgem exceções, como atestando que o diamante valioso, apesar de tombado na lama, fulgura, precioso, ou a pedra bruta, embora o engaste nobre e o estojo especial, de forma alguma adquire valor.

Num lar lucilado pela oração em conjunto, no qual, a par do exemplo salutar dos cônjuges, a palavra do Senhor recebe consideração e apontamentos superiores, ao menos periodicamente, os dramas passionais, as ocorrências infelizes, os temores e as discórdias cedem lugar à compreensão fraternal, à caridade recíproca, à paciência, ao amor.

Ali se caldeiam os complexos fenômenos da evolução e se resolvem em clima de entendimento os problemas urgentes que dizem respeito à recuperação de cada um. Não apenas se ajustam e se sustentam afetivamente os nubentes, como se organizam os programas iluminativos, retemperando-se ânimo e ideais sob a inspiração do Cristo sempre presente.

⚖

Companheiros sinceros queixam-se quanto aos danos promovidos pelos modernos veículos de comunicação de massa.

Diversos expositores do verbo espírita invectivam contra as permissividades hodiernas.

Mentes lúcidas, considerando a áspera colheita de espinhos da atualidade, reagem com emoção por meio da palavra falada ou escrita.

Muitos oferecem programas complexos de ação, talvez impraticáveis, debatem, acusam, vociferam...

Mas pouco fazem realmente.

O trabalho do bem é paulatino, e a reforma moral, para ser autêntica, será sempre individual, bem laborada, sacrificial.

As técnicas ajudam, todavia, só a persuasão honesta, mediante a qual o homem se conscientiza das necessidades reais, consegue lograr libertá-lo dos compromissos inditosos, engajando-o nas disposições restauradoras.

De pouca monta o esforço para ajudar a renovação do próximo, se não ensinar fixado ao exemplo da própria modificação íntima para melhor.

O exercício evangélico na família a pouco e pouco, em clima de cordialidade e simpatia, consegue neutralizar a má propaganda, as investidas violentas do crime de todo porte que se insinuam e irrompem dominadoras.

Ao realizares o culto evangélico do lar, não te excedas em tempo, a fim de serem evitados a monotonia e o desinteresse. Não o imponhas aos que te não compartem as ideias ou preferem, por enquanto, outros rumos. Tenta a argumentação honesta e branda, convincente e autêntica.

Insiste junto aos filhinhos para que comunguem contigo do pão do espírito, conforme de ti recebem o pão do corpo. Faze, porém, a tua parte.

Se sentires a tentação do desânimo, a amargura da decepção, recorda-te do otimismo dos primeiros cristãos e não desfaleças. Orando em conjunto, recomendavam os invigilantes, os perturbadores e inditosos ao Senhor, haurindo forças na comunhão fraterna para os testemunhos com que ensementaram na Humanidade as excelências da Boa-nova, que ora te alcança o Espírito sem as agruras da perseguição externa e das dolorosas injunções da impiedade humana.

Acenda o sol do Evangelho em casa, reúne-te com os teus para orar e jamais triunfarão trevas em teu lar, em tua família, em teu coração.

3
DECISÃO NA VERDADE

"(...) Havendo eu sido cego, agora vejo."

(João, 9: 25)

O jovem padecia de cegueira desde o nascimento. Jamais conhecera a luz. Sua vida se encontrava povoada de trevas, em cujos meandros tateava com aflição.

Jesus abriu-lhe os olhos, concedendo-lhe a diamantina claridade da visão.

Inundado pela luz externa que o fascinou, enriqueceu-se de gratidão por Aquele que o libertou.

Instado à informação do fato, deu-a inciso, conciso, num eloquente testemunho de júbilo.

Não acreditado pelos que o cercavam e inquiriam, reafirmou a ocorrência, asseverando haver sido ele o antigo cego, em face da dúvida que o cercava.

Convidado a opinar sobre quem o beneficiara, fez-se conclusivo: "É um profeta!".

Intimado a injuriar e desmerecer o desconhecido benfeitor, a ingratidão de muitos que logo olvidam o socorro recebido, permitindo-se a dúvida, ao lado da subserviência aos transitórios triunfadores, foi explícito:

"– (...) Se é pecador, não o sei; uma coisa eu sei: havendo eu sido cego, agora vejo."

Não lhe importava quem Ele era, e sim o que lhe fizera.

Defrontam-se no ensino evangélico as duas conjunturas habituais: luz e treva.

Enfrentam-se as duas situações: verdade e mentira.

Duela a suspeita com a convicção.

Teima a pusilanimidade contra o sentimento leal.

Insiste o despeito, agredindo a nobreza.

O fato, porém, triunfa.

O bem relevante sobrenada entre as águas turvas do mal enganoso.

Nada importava ao jovem, agora vidente.

O essencial era que se encontrava a ver.

Nem assim, diante das evidências, cessava a hostilidade contra o "Filho de Deus".

O cipoal das paixões humanas, mediante as habilidades da astúcia, abria-se em ardis infelizes, tentando apanhar o incomparável Amigo dos sofredores.

Hoje, no entanto, ainda é assim.

Tropeçam e atropelam-se os cegos do corpo com os do espírito. Os últimos são piores do que os primeiros porque se negam a ver, preferindo a urdidura da infâmia e da perversidade na qual se distraem e anestesiam a razão.

⚖

Cuida-te contra a cegueira imposta pelos preconceitos, pelo orgulho, pelos descalabros de todo porte.

Já fizeste o teu encontro com Jesus.

Agora vês. Beneficia-te da claridade a fim de progredires.

Não mais acondiciones trevas morais nas antigas sombras dominadoras das paisagens íntimas.

Sai na direção do dia de sol para servir.

Caminha no rumo da luz e referta-te de claridades divinas, difundindo a esperança e a alegria.

Confessa o teu Amigo Sublime perante todos e segue, intimorato, ajudando em nome d'Ele os que ainda se debatem na escuridão da qual saíste e que anseiam, também, pela bênção da visão a fim de enxergarem.

4
Muitos chamados

(Mateus, 22: 1 a 14)

Mesmo hoje é assim... Atônitas, as multidões procuram a diretriz do *Reino dos Céus*; não obstante, engalfinham-se nas hórridas lutas pela posse da Terra.

Fascinam-se com as narrativas evangélicas e comovem-se ante os padecimentos do Senhor quando leem a Sua vida; todavia não se resolvem a seguir em definitivo os roteiros iluminativos, por meio dos quais os valores humanos mudam de expressão.

Examinando, igualmente, o comportamento de muitos companheiros de lides, verificarás que a parábola expressiva do Senhor mantém-se em plena atualidade para eles também.

Depois de experimentarem o contato com as legitimidades do Espírito, sentem-se dominados pelo desejo sincero de espraiarem as certezas que a Boa-nova lhes oferece. Entretanto, aos primeiros impedimentos e problemas, perfeitamente consentâneos com a posição evolutiva que os caracteriza, reagem, dizendo-se descrentes, atormentam-se e debandam.

Acreditam que são credores de especiais concessões, tendo em vista haverem recebido o convite para o banquete na corte do Grande Rei e o terem aceitado com demonstrações de vivo entusiasmo...

Não lhes acode, porém, ao discernimento, que para qualquer solenidade se fazem indispensáveis compostura própria e traje adequado.

Tais são as ações nobilitantes que conferem investidura e insígnias para o comparecimento ao ágape real.

Por isso, as multidões esfaimadas de amor e sabedoria ainda não se resolveram fartar nos celeiros sublimes da Revelação Espírita, ora ao alcance de todos, demorando-se em contínua aflição.

Buscando os tesouros do espírito, disputam, aguerridamente, as posses que os ladrões "roubam, as traças roem e a ferrugem gasta..." Já que recebeste o chamado para a transformação moral ao alento da luz espírita que te aclara os dédalos do mundo interior, não titubeies. Estuga o passo na senda habitual e reflete, deixando-te permear pelas lições de esperança e renovação com que te armarás para os combates ásperos contra os severos adversários que a quase todos vencem: o egoísmo, o orgulho, a ira, o ciúme e seus sequazes, ensinando, pelo exemplo, fraternidade e amor.

Não te preocupes pelo proselitismo, como pelo arrastamento das multidões à fé que te comove.

Recorda-te de Jesus que não veio para compactuar com as comezinhas paixões, tampouco para agradar os campeões da insensatez – maneira segura de conseguir simpatizantes e adeptos – antes para inaugurar o principado da felicidade ao qual "(...) muitos são chamados, mas poucos escolhidos".

5
BENFEITORES DESENCARNADOS E PROBLEMAS HUMANOS

A promoção dos chamados mortos à categoria de benfeitores e santos resulta de um atavismo religioso de que o homem só a esforço insistente consegue libertar-se. Enquanto transitam pelo corpo material, os menos projetados na sociedade são teimosamente ignorados, quando não sistematicamente abandonados.

Sofredores que por decênios de dor e amargura suportaram em silêncios estoicos a pesada canga das aflições; pessoas humildes que se apagaram nos labores singelos; enfermos em indigência e desprezo, atados a cruzes de demorada agonia; lutadores anônimos que esbarraram em dificuldades e padeceram ignomínias da imprevidência dos seus verdugos; pais e mães reclusos nos cárceres dos deveres sacrificiais, relegados às posições inferiores do lar, tão logo retornam à Pátria são içados pelas consciências culpadas à condição santificante com que assim esperam exculpar-se à indiferença e ao desprezo que lhes impuseram.

Não apenas estes, porém, que merecem pelos padecimentos sofridos uma liberação abençoada.

Crê-se, no entanto, que a morte é ponte para a santificação, mesmo a daqueles que não a merecem.

Supõem que, com a desencarnação, ao se esquecerem com facilidade os descalabros que foram cometidos, pode-se conferir-lhes uma situação ditosa, ao paladar da trivialidade a que se entregam.

Não o fazem, porém, por amor. Como exploraram e feriram, usaram e maceraram os que lhes eram dependentes, direta ou indiretamente, esperam continuar exigindo ajudas que não merecem, em comércio de escravidão contínua com os que já partiram...

Mentes viciadas pela acomodação aos velhos hábitos da preguiça e da rebeldia não logram desprender-se dos problemas pessoais mesquinhos a que se aferram, por lhes aprazer enganar e enganar-se.

Dizem-se em sofrimento e preferem a condição de vítimas da Divindade à de colaboradores de Deus.

Asseveram que só o insucesso lhes ocorre e demoram-se na lamentação em vez da ação saneadora do mal.

Teimam por receber tratamento especial dos Céus, e, sem embargo, não se facultam crescer, sintonizando com as leis superiores que regem a vida.

Rogam bens que não sabem aplicar, desperdiçando valioso tempo em consultas inúteis e conversações fúteis em que mais se anestesiam na autopiedade e na ilusão.

Afirmam que os seus mortos estão no Paraíso enquanto eles jazem na Terra, esquecidos.

Fiéis ao ludíbrio pelo artificialismo das oferendas materiais, prometem-lhes missas, "sessões solenes", cultos especiais, flores e outras manobras artificiais com que gostam de insistir na vaidosa presunção da astúcia sistemática.

Em vão, porém.

Quando ditosos, os desencarnados são apenas amigos generosos que intercedem, ajudam e inspiram, mas não podem modificar os compromissos que os seus afeiçoados assumiram desde antes do berço, conforme não se eximiram eles mesmos aos braços da cruz em que voaram no rumo da felicidade.

Quando em desdita no Além-túmulo, são para eles inócuas todas as expressões dos chamados cultos externos das religiões terrestres.

A oração ungida de amor, as ações caridosas em sua homenagem refrigeram-nos e ajudam-nos a entender melhor a própria situação, armazenando forças para as reencarnações futuras.

Desse modo, esforça-te para resolver os teus problemas sem perturbar os que agora merecem a justa paz depois das lutas ásperas que sofreram.

Respeita a memória dos desencarnados e sem os títulos mentirosos da Terra, tem-nos em conta de amigos queridos não subalternos que te poderão ajudar, porém que necessitam, a seu turno, de evoluir também.

6
AGRADECIMENTO

Seja qual for a ocorrência que te surpreenda, concitando-te ao júbilo ou à aflição, dá graças.

Não te olvides do valor da gratidão nos passos da vida.

A cada instante estás chamado ao reconhecimento pelas concessões que te enriquecem em experiências, em iluminação, em saúde, em paz e não apenas ante os valores transitórios das moedas e dos títulos que muito se disputam na Terra.

Não te impeças a emoção do reconhecimento, a exteriorização dos sentimentos da gratidão.

Há pessoas que, não obstante a elevação de propósitos, se sentem constrangidas, angustiando-se sem encontrarem a forma de expressar as graças de que estão possuídas. Outras acreditam que não se faz necessário apresentar ao benfeitor os protestos de reconhecimento, porque são mais valiosos os que se demoram silenciados.

Não têm razão os que assim pensam e agem.

Uma palavra de bondade ou uma frase simples, porém imantada pela unção da sinceridade, estimula e alegra quem recebe, concitando a novos cometimentos, à continuação dos gestos de enobrecimento e amor.

Embora quem se faz útil e goste de ajudar não se deva prender à resposta do beneficiado, não há por que se desconsidere o dever do amor retributivo.

O amor que enfrenta a hostilidade e a transforma ressurge como compreensão no agressor, assim retribuindo a afeição recebida.

Agradece, desse modo, as coisas que te cheguem, como sejam e de que se constituam. Favores divinos objetivam tua felicidade.

Se defrontas problemas, agradece a oportunidade-desafio para a luta pela paz.

Se tropeças na incompreensão, agradece o ensejo de provar a excelência dos teus sentimentos.

Se despertas na enfermidade, agradece a concessão do sofrimento purificador.

Se recebes bondade e afeição, agradece a dádiva para o esforço evolutivo.

Se colhes alegrias e saúde, agradece o tesouro que deves aplicar nas finalidades superiores da vida.

O espinho, o pedregulho chamam a atenção do peregrino para o solo por onde transita; o aguilhão impele à rota correta; o testemunho de qualquer condição revela as qualidades íntimas.

Gratidão é sentimento nobre – cultiva-o para o próprio bem.

O Sol aquece, a noite tranquiliza, a chuva alimenta, o adubo fertiliza, a poda revigora – tudo são bênçãos da vida.

Agradece sem cessar as doações divinas que fruis e esparze gratidão onde estejas, com quem te encontres, diante de tudo que recebas ou que te aconteça.

III

DA LEI DO TRABALHO

674. A necessidade do trabalho é lei da Natureza?

"O trabalho é lei da Natureza, por isso mesmo que constitui uma necessidade, e a civilização obriga o homem a trabalhar mais, porque lhe aumenta as necessidades e os gozos."

675. Por trabalho só se devem entender as ocupações materiais?

"Não; o Espírito trabalha, assim como o corpo. Toda ocupação útil é trabalho."

(O Livro dos Espíritos)

---

7 A BÊNÇÃO DO TRABALHO

8 TRABALHO DE ÚLTIMA HORA

9 BENS MATERIAIS

10 FRACASSO E RESPONSABILIDADE

11 CONSIDERANDO O ARREPENDIMENTO

12 TRANQUILIDADE

7
A BÊNÇÃO DO TRABALHO

Sob pretexto algum te permitas a *hora vazia*. Justificando cansaço ou desengano, irritabilidade ou enfado, desespero íntimo ou falta de estímulo, evita cair no desânimo que abre claros na ação do bem, favorecendo a intimidade e inspirando as ideias perniciosas.

Se supões que todos se voltam contra os teus propósitos superiores, insiste na atividade, que falará com mais eficiência do que tuas palavras.

Coagido pela estafa, muda de atitude mental e renova a tarefa, surpreendendo-te com motivação nova para o prosseguimento do ideal.

Vitimado por injunções íntimas, perturbadoras, que se enraízam no teu passado espiritual, redobra esforços e atua confiante.

O trabalho é, ao lado da oração, o mais eficiente antídoto contra o mal, porquanto conquista valores incalculáveis com que o Espírito corrige as imperfeições e disciplina a vontade.

O momento perigoso para o cristão decidido é o do ócio, não o do sofrimento nem o da luta áspera.

Na ociosidade surge e cresce o mal. Na dor e na tarefa fulguram a luz da oração e a chama da fé.

Maledicências e intrigas, vaidade e presunção, calúnias e boatos, despeito e descrédito, inquietação e medo, pensamentos deprimentes e tentações nascem e se alimentam durante a *hora vazia*.

Os germes criminógenos de muitos males que pesam negativamente sobre a economia da sociedade desenvolvem-se durante os minutos de desocupação e ociosidade.

Os desocupados jamais dispõem de tempo para o próximo, atarantados pela indolência e pela inutilidade, que fomentam o egoísmo e desenvolvem a indiferença.

⚖

O trabalho se alicerça nas Leis de Amor que regem o Universo.

Trabalha o verme no solo, o homem na Terra e o Pai nas Galáxias.

A vida é um hino à dinâmica do trabalho.

Não há na Natureza o ócio.

O aparente repouso das coisas traduz a pobreza dos sentidos humanos.

A vida se agita em toda parte.

O movimento é lei universal em tudo presente.

⚖

Não te detenhas a falar sobre o mal. Atua no bem.

Não te escuses à glória de trabalhar pelo progresso de todos, do que resultará a tua própria evolução.

Cada momento sabiamente aproveitado adiciona produtividade na tua sementeira de esperança.

O trabalho de boa procedência, em qualquer direção, produz felicidade e paz.

Dele jamais te arrependerás.

Não esperes recompensa pela sua execução.

Produze pela alegria de ser útil e ativo, içando o coração a Jesus, que sem desfalecimento trabalha por todos nós, como o Pai Celeste que até hoje também trabalha.

8
TRABALHO DE ÚLTIMA HORA

A pretexto de cansaço ou necessidade urgente de repouso, não postergues a ensancha abençoada do trabalho que agora te chega, na Vinha do Senhor.

Dínamo gerador do desenvolvimento e estímulo da ordem, o trabalho é manifestação de sabedoria, desde que o esforço encetado se dirija à execução superior.

Sejam quais forem as circunstâncias, reverencia o trabalho como meio e meta para a harmonia íntima e o equilíbrio externo.

Enquanto trabalhas, olvidas problemas e superas limitações, consubstancializas ideais e incrementas a felicidade.

Em retribuição, a atividade ordeira te proporciona esperanças, modificando as paisagens por mais complexas e pressagas se te apresentem.

⚖

Convidado à Seara do Senhor, não examines dificuldades nem recalcitres ante as necessidades urgentes com que depares.

Mediante a operação socorrista na lavoura dos corações, lograrás vantajosas conquistas contra os contumazes verdugos do espírito: egoísmo, paixão, ódio, que dormem ou que se agitam nos dédalos da vida mental...

Quase sempre ajudas com a esperança de imediata retribuição e reages porque não recebes em seguida...

Considera as circunstâncias em que os outros atuam e conferes resultados, arbitrando com a visão distorcida do que supões merecer.

A honra do trabalhador, no entanto, se exterioriza pela satisfação do labor executado.

⚖

O serviço de Deus é comum para todos, facultando operações incessantes com que se pode desenvolver a felicidade na Terra.

Pouco importa a hora que se haja compreendido a significação do divino chamado.

Assim, não te deixes perturbar ante os que estão à frente, nem lamentes os que seguem à retaguarda.

Importa-te em proceder com dedicação desde hoje, aqui e agora.

Descobre uma entre as mil maneiras de atuar edificando e serve, atendendo o chamado do Senhor, que prossegue aguardando os que desejam trabalhar na sua Vinha.

Nenhum olhar para trás, nenhuma medida de distância à frente.

Os últimos chamados, qual o que ocorre contigo, receberão a recompensa prometida, não obstante o pouco tempo de que disponham para trabalhar com Jesus e por Jesus.

9
BENS MATERIAIS

A riqueza, sob qualquer aspecto considerada, é bênção que Deus concede ao homem para a felicidade deste e que lhe compete bem utilizar, multiplicando-a em dons de misericórdia e progresso a benefício do próximo.

Torná-la oásis reduzido para o próprio prazer, em pleno deserto de recursos onde medram a dor e a miséria de todo porte, é fraqueza moral que se converte em algema de demorada escravidão.

Todas as concessões da vida rendem juros conforme a direção e a aplicação que se lhes deem...

Os bens materiais ensejam o progresso e devem fomentá-lo, porquanto a própria evolução humana impõe necessidades que os homens primitivos desconheciam.

As exigências da higiene e do conforto, da preservação da saúde e das experiências de evolução facultam a aplicação de valores que, simultaneamente, organizam o sistema de crescimento e desenvolvimento do indivíduo como do grupo em que vive.

Não cabe, porém, a ninguém o direito de usufruir, seja o que for, em detrimento das possibilidades do próximo.

Criminosa a exploração que exaure as forças naturais e entenebrece o caráter humano.

Desse modo, a direção que o homem dá aos recursos materiais, mediante a aplicação egoísta ou a utilização benéfica, faz que tal se transforme em grilhão ou liberdade, desgraça ou dita.

Administradores, que todos somos, transitoriamente, dos haveres, enquanto na vilegiatura carnal, seremos convocados a contas para relatórios, apresentando o que fizemos das concessões divinas que passaram pelas nossas mãos.

O dinheiro, a propriedade, a posição social relevante, a saúde, a inteligência, a mobilidade, a lucidez são bens que o Espírito recebe como empréstimo divino para edificar-se e construir a ventura.

Qualquer emprego malsão engendra escassez e limitação que se transformam em aflição e desespero.

O mordomo infiel retorna à Terra na sujeição escravizadora, que lhe cobra o desperdício ou a usura de que se fez vítima inerme.

⚖

Multiplica pelo trabalho e pela ação benéfica todos os bens de que disponhas: do corpo, da mente, do espírito.

Aquinhoado com os valores perecíveis que dormem ou se movimentam nas tuas mãos, recorda os filhos da agonia ao teu lado, nas tábuas da miséria e do abandono...

Um dia, sem que o queiras, deixarás todas as coisas e valores, ante o impositivo da desencarnação, seguindo contigo, apenas, os valores morais legítimos, decorrentes dos bens materiais que converteste em esperança, alegria, progresso e paz, qual semeador de estrelas que, após transitar por caminho de sombras, conseguiu transformá-lo numa *via láctea* de brilhantes celestes.

10
FRACASSO E RESPONSABILIDADE

Muito cômodo atribuir-se o insucesso das realizações a outrem, transferindo responsabilidades. Incapaz de encarar o fracasso do verdadeiro ângulo pelo qual deve ser examinado, o homem que faliu acusa os outros e exculpa-se, anestesiando os centros do discernimento, e, por esse meio, espera evadir-se do desastre.

Há fatores de vária ordem que contribuem poderosamente em todo e qualquer cometimento humano.

O homem de ação, porém, graças aos seus valores intrínsecos reais, responderá sempre pela forma como conduz o programa que tem em mãos para executar; assim, portanto, pelos resultados do empreendimento. Pessoas asseveram, em face dos desequilíbrios que se permitem: "Não tinha outra alternativa. Fui induzido pelos maus amigos".

Outras criaturas afirmam após a queda: "Os Espíritos infelizes ganharam a batalha, após a insistência e a perseguição que eu não mais aguentava".

Diversos justificam a negligência sob o amparo do desculpismo piegas e da desfaçatez indébita.

⚖

Luta sem desfalecimento e perseverança no posto, em qualquer circunstância, são as honras que se reservam ao candidato interessado na redenção.

O vinho capitoso flui da uva esmagada.

O pão nutriente surge do trigo triturado.

A água purificada aparece após vencer o filtro sensível.

Os dons da vida se multiplicam mediante as contribuições poderosas da transformação, da renovação, do trabalho.

Não te escuses dos dissabores e desditas, acusando o teu irmão. Mesmo que ele haja contribuído para a tua ruína, és o responsável. Porque agiste de boa-fé com leviandade, ou tutelado pela invigilância, não te deves acreditar inocente.

Cada um sintoniza com o que lhe apraz e afina.

O Evangelho, na sua beleza e candidez de linguagem, registra e nos recorda a incisa e concisa lição do Mestre: *"Sede mansos como as pombas e prudentes como as serpentes"*.

Sem que estejas em posição belicosa, colocado em situação contrária, abre a alma ao amor para com todos, porém vigia *"o coração, porque dele procedem as nascentes da vida"*.

Diante de qualquer fracasso, refaze as forças, assume responsabilidade e tenta outra vez. Quiçá seja esse o feliz instante de acertares, logrando êxito.

11
CONSIDERANDO O ARREPENDIMENTO

Por mais anestesiados se encontrem os centros do discernimento intelectual, dia chega em que ele se instala...
Passe o tempo sob a aflição do tóxico que perturba a faculdade da razão, momento surge em que se reajustam os núcleos da atividade do pensamento e ele brota...
Apesar da intensidade clamorosa dos fatores perturbantes que destroem os sentimentos superiores da vida, ao impacto dos projéteis da ira alucinada, do ódio avassalador, do ciúme desequilibrante ou do amor-próprio enlouquecido, levando a criatura a atitudes infelizes, chega a oportunidade em que aparecem os pródromos da sua presença...

O arrependimento sempre se manifesta na consciência em débito para com a vida.
A princípio, ei-lo como lembrança da falta cometida de que já se não supunha existir qualquer sinal; posteriormente, a recordação do momento infeliz que se estabelece; mais tarde, a ideia rediviva dominante e, por fim, a obsessão do remorso, avassaladora.
Insidioso e maleável, o arrependimento é câncer que se apropria do homem que se deixou colher em falta, pela vindita ou pelo desforço.

Há pessoas que dizem: "Arrependo-me de me não ter vingado".

Algumas exclamam: "Arrependo-me de não ter expulsado o inimigo à minha porta".

Outros proferem: "Arrependo-me do bem que fiz".

Algumas contraditam: "Amarguro-me, sim, porque fui eu quem o ajudou e arrependo-me da hora inditosa em que nutri a víbora que hoje me picou...".

Em verdade, devemos arrepender-nos das más ações que cometemos, louvando sem cessar os momentos briosos do auxílio que dispensamos e agradecendo a Deus a oportunidade em que poderíamos ter ferido, mas não o fizemos, o ensejo de vingança, sem havermos descido a rampa da desgraça, a ocasião de negarmos o bem, tendo distendido a escudela da generosidade.

O arrependimento que enseja reabilitação do gravame é convite da consciência ao refazimento da obra malsucedida. Se, todavia, a vítima transitou e a perdeste de vista, o acúleo do arrependimento se converte em cravo que se fixa no cerne do Espírito, qual presença da dor que infligiste, até que se te depurem os fatores negativos que causaste.

Não te permitas, portanto, trair, enganar, acusar, ferir, mesmo que tenhas razão. Se a tens, obviamente, não se faz necessário descartar-te de quem te prejudica, porquanto estás melhor do que ele. Se não a tens, não te compete a tarefa do desforço, desde que o teu padecimento é o corretivo para as tuas imperfeições.

Em qualquer circunstância, poupa-te desde hoje ao impositivo escravizante que te surpreenderá amanhã.

Arrependimento sadio das faltas cometidas é compromisso assumido com as tarefas a executar.

Arrependimento perturbador que ultraja a consciência torna-se problema que se afigura de difícil solução.

Caso não te disponhas a tudo recomeçar sob o beneplácito da Misericórdia Divina, que nos colocou no mundo para amar e amar, servir e servir, porque é da Lei que *somente pelo amor os homens serão salvos*", padecerás do arrependimento perturbador que nada edifica.

12
TRANQUILIDADE

Conceituas tranquilidade qual se fora inércia ou indolência, dever ausente, lazer demorado.

Em face disso, pensas em férias, recreação, letargo, com que supões lenir aflições íntimas, solucionar problemas e complexidades do cotidiano.

Talvez consigas, em misteres de tal natureza, renovar forças, catalisar energias, predispor-te. Sem o esforço interno, intransferível, com que te defrontarás, assumindo posição decisiva para os embates de reeducação, dificilmente lograrás êxito.

A tranquilidade independe de paisagens, circunstâncias e ocasiões. Estabelece-se no espírito como resultado de uma consciência pacificada, que decorre, a seu turno, de uma vivência moral e social concorde com os postulados de enobrecimento espiritual.

Fatores externos criam, às vezes, possibilidades, circunstâncias para as aquisições do Espírito. É, porém, nas refregas da evolução, lapidando imperfeições e arestas, que o homem se autodescobre, conhece-se e premia-se com a ação libertadora.

O cansaço, o desaire, a perseguição, a dor, não obstante aflijam, jamais logram romper a armadura da tranquilidade real.

Quando existe harmonia interior os ruídos de fora não ecoam perturbadoramente.

⚖

Se condicionas a tua tranquilidade a lugares, pessoas e fatores externos, submetes-te, apenas, ao anestésico condicionante para o lazer dos sentidos.

Se necessitas de silêncio, melodias, ginásticas para a tranquilidade, apenas estás no rumo. Sem que te possas manter sereno no retiro da natureza ou na atividade das ruas, entre sons harmoniosos e a poluição sonora, ritmos ginastas e a esfalfa das correrias nas leiras da caridade junto ao próximo, a tua aquisição ainda é miragem diletante, que facilmente se diluirá.

Se te enerva a espera ou te desagradam o cansaço e o medo, fruis somente comodidades, encontrando-te longe da tranquilidade real.

Um Espírito tranquilo não se atemoriza nem se enfada, não se desarranja nem se rebela, porquanto, pacificado pela consciência reta, vibram nele as energias da renovação constante e do otimismo perene.

Jesus, no Sermão da Montanha ou no Gólgota, manteve-se o mesmo.

Estatuindo a carta magna para a Humanidade, louvou Deus e, padecendo a injustiça humana, agradeceu ao Pai, enquanto perdoou aos homens.

Íntegro, confiante, demonstrou até o momento último que a tranquilidade é preciosa aquisição com que a vitória da vida coroa as lutas nas incessantes batalhas do existir.

IV
Da Lei de Reprodução

686. É lei da Natureza a reprodução dos seres vivos?

"Evidentemente. Sem a reprodução, o mundo corporal pereceria."

694. Que se deve pensar dos usos, cujo efeito consiste em obstar à reprodução, para satisfação da sensualidade?

"Isso prova a predominância do corpo sobre a alma e quanto o homem é material."

(O Livro dos Espíritos)

---

13 Perante a vida

14 Limitação de filhos

15 Filho deficiente

16 Deveres dos pais

17 Deveres dos filhos

18 Afinidade e sintonia

13
Perante a vida

Investimento sublime, a vida!

Em todas as suas manifestações expressa a suprema misericórdia de Deus, num conjunto de harmonias e bênçãos.

O homem, porém, nem sempre sabe valorizar-lhe a oportunidade.

Egresso das faixas primitivas do instinto pelas quais transitou, guarda as altas cargas das sensações em que se demora, em detrimento dos sutis apelos da emoção nos quais se engrandeceria, na ascese para a libertação que o aguarda.

Detivesse-se mais no acurar das observações e descobriria a glória do bem manifesta em todo lugar.

Por descuido ou inépcia, vincula-se aos compromissos vis em que se emaranha e, ao ser surpreendido pela realidade da evolução de que ninguém se evade, reage e desagrega-se, mergulhando nos lôbregos estados de dor selvagem e inútil.

A vida, já dorminte no mineral, sonhando no vegetal, desperta e se agita no animal, pensa no homem, que segue a caminho da perfeita integração na Consciência Cósmica, quando, então, se torna anjo.

Multiplica a alegria de viver, esparzindo tuas concessões de ventura onde te encontres.

Inobstante te descubras em dor ou em agonia, compreende que o sofrimento é processo de libertação, realizando o mister onde o amor ainda não firmou alicerces.

Sofrimento não é desdita. Esta somente surge quando o homem se torna causa e razão de infortúnio para o seu próximo.

Assim, sempre podes exalçar a vida.

Estiolando-se a flor, o pólen fecunda e a planta nele sobrevive.

O despedaçar de muitos anelos engendra o surgimento de formosas realizações...

A renúncia pessoal fomenta a abnegação que levanta as realizações da ventura.

Usa a tua vida na preservação de outras muitas vidas.

Mesmo que estejas açodado pelo desespero, evita o fosso da revolta ou o paul do desânimo.

A tua vida inspira outras vidas.

Sê abnegado!

O que faças e como faças constituirá emulação para as criaturas que seguem ao teu lado.

Sem que o percebas, és inspirado por alguém, motivado por outrem, a teu turno modelo para outros que te seguem após.

Perante a vida és cocriador junto a Nosso Pai.

Vive, pois, de tal forma que, encerrando o capítulo da tua experiência no corpo físico, prossigas logo mais, noutra expressão na vida estuante.

14
LIMITAÇÃO DE FILHOS

O problema da planificação familiar, antes de maiores cogitações, deve merecer dos cônjuges mais profundas análises e reflexões.

Pela forma simplista como alguns o apresentam, a desordenada utilização de métodos anticonceptivos interfere negativamente na economia moral da própria família.

Na situação atual, os pais dotados de recursos econômicos menos procriam, em considerando as disponibilidades que possuem, enquanto os destituídos de posses aumentam a prole, tornando muito mais complexas e difíceis as engrenagens do mecanismo social.

Os filhos são programados na esfera extrafísica da vida, tendo-se em vista as injunções crédito/débito defluentes das reencarnações passadas.

Normalmente, antes do mergulho no corpo carnal, o Espírito reencarnante estabelece intercâmbio com os futuros genitores, de cujo concurso necessita para o cometimento a empreender.

Os filhos não chegados pela via normal, não obstante, alcançarão a casa dos sentimentos negados, utilizando-se dos sutis recursos da vida, que reaproximam os afins pelo amor ou pela rebeldia quando separados, para as justas reparações.

Chegarão a outros tetos, mas dali sairão atraídos pelas necessidades propelentes ao encontro da família que lhes é própria, nem sempre forrados em objetivos relevantes...

⚖

Alguém que te chega, perturbando a paz...
Outrem que te rouba pertences e sossego...
O ser que te sobrecarrega de dissabores...
Aquele que de fora desarmoniza a tua família...
O vadio que te adentra o lar...
O aliciador que chega de longe e infelicita o filho ou a filha que amas...
Todos eles estão vinculados a ti...
Quiçá houvessem renascido sob o teu teto e as circunstâncias impediriam dramas maiores.

⚖

Antes de aderires ao entusiasmo reinante para a limitação da prole, reparte com o outro cônjuge as tuas preocupações, discute o problema à luz da reencarnação.

Evita engajar-te na moda só porque as opiniões gerais são favoráveis à medida.

Não o faças simplesmente considerando os fatores econômicos, os da superpopulação...

O Senhor dispõe de recursos inimagináveis.

Confia a Ele as tuas dificuldades e entrega-te consciente, devotadamente.

Seja qual for a opção que escolhas – ter mais ou menos filhos –, os que se encontram na pauta das tuas necessidades chegar-te-ão, hoje ou mais tarde.

Sendo possível, acolhe-os da melhor maneira, porquanto, conforme os receberes, ser-te-ão amigos generosos ou rudes adversários dos quais não te libertarás facilmente.

15
FILHO DEFICIENTE

A decepção passou a ser-te um ferrete em brasa, dilacerando sem cessar os teus sentimentos.

Todos os planos ficaram desfeitos, quando esperavas entesourar felicidade e vitória.

No suceder dos dias, desde os primeiros sinais, anelaste por um ser querido que chegaria aos teus braços com os louros e a predestinação da grandeza em relação ao futuro.

O pequeno príncipe deveria trazer no corpo, na mente, na vida, as características da raça pura, grandioso no porte, lúcido na inteligência, triunfador nas realizações.

O que agora contemplas não é o filho desejado, mas um feio espécime, mutilado, enfermo, frágil...

Mal acreditas que se haja gerado por teu intermédio, que seja teu filho.

Por pouco não o detestas.

Mal te recobras do choque e da vergonha que experimentas quando os amigos o veem, quando sabem que é teu descendente.

Surda revolta assenhoreia-se da tua alma e, a pouco e pouco, a amargura ganha campo no teu coração.

Reconsidera, porém, quanto antes, atitudes e posições mentais.

Não podes arbitrar com segurança no jogo dos insondáveis sucessos da reencarnação.

Para a reflexionar e submete-te à injunção redentora.

A tua frustração decorre do orgulho ferido, do desamor que cultivas.

Teu filho deficiente necessita de ti. Tu, porém, mais necessitas dele.

⚖

Quem agora te chega ao regaço com deficiência e limitação, recupera-se no cárcere corporal das arbitrariedades que perpetrou.

Déspota ou rebelde, caiu nas ciladas que deixou pela senda, onde fez que outros sucumbissem.

Mordomo da existência passada, abusou dos dons da vida com estroinice e perversidade, ferindo e terminando por ferir-se.

Não cometeu, todavia, tais desatinos a sós.

Quando alguém cai, sempre existe outrem oculto ou ostensivo que o leva ao tombo.

Muitos responsáveis intelectuais de realizações nobres como de crimes espetaculares permanecem não identificados.

E são os autores reais, que se utilizam dos chamados ignorantes úteis para esses cometimentos.

O filho marcado que resulta do teu corpo é alma vitimada pela tua alma, não duvides.

Não é este o primeiro tentame que realizam juntos.

Saindo do fracasso transato, ambos recomeçam abençoada experiência, cujo êxito podes promover desde já.

Renteia com ele na limitação e aumenta-lhe, mediante o amor dinâmico, a capacidade atrofiada.

Sê-lhe o que lhe falta.

Da convivência nascerá a interdependência recíproca.
No labor com ele, amá-lo-ás.
Infatigavelmente renova os quadros mentais e por enquanto desce ao solo da realidade, fora das ilusões mentirosas, a fim de seres, também, feliz.

Honra-te com o filhinho dependente e mais aproxima-te dele, cada vez.
A carne gera a carne, mas os atos pretéritos do Espírito produzem a forma para a residência orgânica.
As asas de anjo do apóstolo, como os pés de barro de quem amas, precedem à atual injunção fisiológica.

⚖

Se te repousa no berço de sonhos desfeitos um filhinho deformado, amputado, dementado, deficiente de qualquer natureza, esquece-lhe a aparência e assiste-o com amor.
Não te chega ao trono dos sentimentos por acaso.
Antigo companheiro vencido, suplica ajuda ao desertor, só agora alcançado pela divina legislação.
Dá-lhe ternura, canta-lhe um poema de esperança, ajuda-o.
O filho deficiente no teu lar significa a tua oportunidade de triunfo e a ensancha que ele te roga para alcançar a felicidade.
Seria terrivelmente criminoso negar-lhe, por vaidade ferida, o amparo que te pede, quando te concede a bênção do ensejo para a tua reparação em relação a ele.

16
DEVERES DOS PAIS

~~~

Por impositivo da Sabedoria Divina, no homem a infância demora maior período do que em outro animal qualquer. Isto porque, enquanto o Espírito assume, a pouco e pouco, o controle da organização fisiológica de que se serve para o processo evolutivo, mais fáceis se afiguram as possibilidades para a fixação da aprendizagem e a aquisição dos hábitos que o nortearão por toda a existência planetária.

Como decorrência, grande tarefa se reserva aos pais no que tange aos valores da educação, deveres que não podem ser postergados sob pena de lamentáveis consequências.

Os filhos, esse patrimônio superior que a Divindade concede por empréstimo, mediante os liames que a consanguinidade enseja, facultam o reajustamento emocional de Espíritos antipáticos entre si, a sublimação das afeições entre os que já se amam, o caldeamento de experiências e o delinear de programas de difícil estruturação evolutiva, pelo que merecem todo um investimento de amor, de vigilância e de sacrifício por parte dos genitores.

A união conjugal propiciatória da prole edificada em requisitos legais e morais constitui motivo relevante e não deve ser confundida com as experiências do prazer, que se podem abandonar em face de qualquer conjuntura que exige reflexão, entendimento e renúncia de algum ou de ambos os nubentes.

⚖

Os deveres dos pais em relação aos filhos estão inscritos na consciência.

Evidentemente, as técnicas psicológicas e a metodologia da educação tornam-se fatores nobres para o êxito desse cometimento. Entretanto, o amor, que tem escasseado nos processos modernos da educação com lamentáveis resultados, possui os elementos essenciais para o feliz desiderato.

No compromisso do amor, estão evidentes o companheirismo, o diálogo franco, a solidariedade, a indulgência e a energia moral de que necessitam os filhos, no longo processo da aquisição dos valores éticos, espirituais, intelectuais e sociais.

O lar, em consequência, prossegue sendo, na atualidade, de fundamental importância no complexo mecanismo da educação.

Nesse sentido, é de essencial relevância a lição dos exemplos, a par da assistência constante de que necessitam os caracteres em formação, argila plástica que deve ser bem modelada.

No capítulo da liberdade, esse fator basilar, nunca deixar esquecido o dever da responsabilidade. Liberdade de ação e responsabilidade dos atos, ajudando no discernimento desde cedo entre o que se deve, convém e se pode realizar.

⚖

Plasma, na personalidade em delineamento do filhinho, os hábitos salutares.

Diante dele, frágil de aparência, tem em mente que se trata de um Espírito comprometido com a retaguarda, que recomeça a experiência sob a injunção de sacrifícios, e que muito depende de ti.

Nem o excesso de severidade para com ele nem o acúmulo de receios injustificados, em relação a ele, ou a exagerada soma de aflição por ele.

Fala-lhe de Deus sem cessar e ilumina-lhe a consciência com a flama da fé rutilante, que lhe deve lucilar no íntimo como farol de bênçãos para todas as concessões divinas.

O que lhe não concedas por negligência, ele te cobrará depois...

Se não dispões de maiores ou mais valiosos recursos para dar-lhe, ele saberá reconhecer, e, por isso, mais te amará.

Todavia, se olvidares de ofertar-lhe o melhor ao teu alcance também ele compreenderá e, quiçá, reagirá de forma desagradável.

Os pais educam para a sociedade, quanto para si mesmos.

Examina a tua vida e dela retira as experiências com que possas brindar a tua prole.

Tens conquistas pessoais, porquanto já trilhaste o caminho da infância, da adolescência e sabes de moto próprio discernir entre os erros e os acertos dos teus educadores, identificando o que de melhor possuis para dar.

Não te poupes esforços na educação dos filhos.

Os pais assumem, desde antes do berço, com aqueles que receberão na condição de filhos, compromissos e deveres que devem ser exercidos, desde que serão, também, por sua vez, meios de redenção pessoal perante a consciência individual e a cósmica que rege os fenômenos da vida, nos quais todos estamos mergulhados.

17
Deveres dos filhos

Toda gratidão nem sequer retribuirá a fortuna da oportunidade fruída mediante o renascimento carnal. O carinho e o respeito contínuos não representarão oferenda compatível com a amorosa assistência recebida desde antes do berço.

A delicadeza e a afeição não corresponderão à grandeza dos gestos de sacrifício e de abnegação demoradamente recebidos...

Os filhos têm deveres intransferíveis para com os pais, instrumentos de Deus para o trâmite da experiência carnal, mediante a qual o Espírito adquire patrimônios superiores, resgata insucessos e comprometimentos perturbadores.

Existem genitores que apenas procriam, fugindo à responsabilidade.

⚖

Não compete, porém, aos filhos julgá-los com severidade, desde que não são dotados da necessária lucidez e correção para esse fim.

Se fracassaram no sagrado ministério, não se furtarão à consciência, em forma da presença da culpa nela gravada.

Auxiliá-los por todos os meios ao alcance é mister indeclinável, que o filho deve ofertar com extremos de devotamento e renúncias.

A ingratidão dos filhos para com os pais é dos mais graves enganos a que se pode permitir o Espírito na sua marcha ascensional.

A irresponsabilidade dos genitores de forma alguma justifica a falência dos deveres morais por parte da prole.

Ninguém se vincula a outrem por meio dos vigorosos liames do corpo somático, da família, sem justas, ponderosas razões.

Desincumbir-se das tarefas relevantes que o amor e o reconhecimento impõem – eis o impositivo que ninguém pode julgar lícito postergar.

⚖

Ama e respeita em teus pais a humana manifestação da paternidade divina.

Quando fortes, sê-lhes a companhia e a jovialidade; quando fracos, a proteção e o socorro.

Enquanto sadios, presenteia-os com a alegria e a consideração; se enfermos, com a assistência dedicada e a sustentação preciosa.

Em qualquer situação ou circunstância, na maturidade ou na velhice, afeiçoa-te àqueles que te ofertaram o corpo de que te serves para os cometimentos da evolução, como o mínimo que podes dispensar-lhes, expressando o dever de que te encontres investido.

18
AFINIDADE E SINTONIA

De referência à problemática das doenças, a questão da sintonia psíquica é de relevância incontestável.
Fenômeno inconsciente que decorre dos hábitos mentais assumidos pelo indivíduo, deve ser examinado em profundidade, necessitando de acurado esforço, a fim de que abandone as baixas e densas faixas do abatimento e da viciação, ascendendo àquelas nas quais se haurem forças e estímulos para os cometimentos de sucesso.

Acomodado à posição de lamentável rebeldia interior, seja pelo acumpliciamento com Entidades perniciosas ou mediante a tácita aceitação dos velhos hábitos do personalismo dissolvente, o homem permanece por prazer e invigilância em sintonia com o mal.

Defluem dessas situações graves conúbios mentais, em processos de obsessão por parte de Espíritos ignorantes e pervertidos ou pela satisfação natural de permanecer em atitude doentia, sem o esforço que deve envidar para a libertação.

Em toda enfermidade existe sempre uma predisposição orgânica e psíquica decorrente do pretérito espiritual ou da vivência atual, em cujo campo se instalam os fatores predisponentes ou propiciatórios à larga cópia de doenças, as mais complexas.

Convenientes, por isso, o cultivo do otimismo e a realização de trabalhos que desloquem a mente indisciplinada ou mal-educada, induzindo-a a novos exercícios e hábitos de que decorrerão resultados diversos.

Afinas com o que sintonizas. Estás com quem ou com o que preferes.

Cada ser nutre-se nos redutos mentais em que localiza as aspirações. Em consequência, os que aspiram fluidos deletérios da irritação constante, da sistemática indiferença ou da prevenção contumaz perturbam-se, arrojando-se ao desequilíbrio ou intoxicam-se interiormente, dando origem e curso a distonias nervosas que culminam com a loucura ou as aberrações de outra natureza.

⚖

Enxameiam por toda parte aqueles que falam sobre o sofrimento e as doenças, dizendo-se desejosos de superá-los, vencê-los sem que, contudo, se imponham as condições exigíveis do esforço e da perseverança nos propósitos salutares que lhes são inusitados.

Preferem o retorno à situação primitiva e a fuga espetacular pela lamentação, ao combate profícuo, insistente, reagindo às forças infelizes, para sair das faixas vibratórias em que se detêm, de modo a granjearem os inapreciados valores da paz, da saúde, da harmonia.

⚖

Toda ascese decorre em clima de sacrifício.

A renovação exige esforço.

A liberdade propõe disciplina.

A ascensão às vibrações superiores impõe largo estipêndio mental, exigindo permanente sintonia com os pensamentos edificantes e as ideias que fecundam bênçãos.

A doença, bem como a saúde resultam, invariavelmente, da posição interior de cada um.

Por essa razão, o Evangelho é constituído de convites imperativos à elevação íntima, à solidariedade, ao otimismo em cujas paisagens haurirás a felicidade que todos buscamos.

Afinamo-nos uns com os outros e intercambiamos conforme as preferências que exteriorizamos, mas que são o resultado do comportamento íntimo.

Qualquer que seja o preço da responsabilidade, por mais alto o ônus do sacrifício, estás destinado à felicidade e por lográ-la terás que investir todos os esforços, abandonando as faixas do erro e do crime em que te comprazes, a fim de alcançares os cumes da vitória sobre ti mesmo.

V

Da Lei de Conservação

711. O uso dos bens da Terra é um direito de todos os homens?

"Esse direito é consequente da necessidade de viver. Deus não imporia um dever sem dar ao homem o meio de cumpri-lo."

715. Como pode o homem conhecer o limite do necessário?

"Aquele que é ponderado o conhece por intuição. Muitos só chegam a conhecê-lo por experiência e à sua própria custa."

(O Livro dos Espíritos)

---

19 O dinheiro

20 Desperdícios

21 Presença do egoísmo

22 Amor-próprio

23 Renovação

24 Heroísmo da resignação

19
O DINHEIRO

De fato, o dinheiro constitui pesada responsabilidade para o seu possuidor.

Não compra a felicidade e, muitas vezes, torna-se responsável por incontáveis desditas.

Apesar disso, a sua ausência quase sempre se transforma em fator de desequilíbrio e miséria com que se atormentam multidões em desvario.

O dinheiro, em si mesmo, não tem culpa: não é bom nem mau.

A aplicação que se lhe dá torna-o agente do progresso social, do desenvolvimento técnico, do conforto físico e, às vezes, moral, ou causa de inomináveis desgraças.

Sua validade decorre do uso que lhe é destinado.

Com ele se adquirem o pão, o leite, o medicamento, dignificando o homem pelo trabalho.

Sua correta aplicação impõe responsabilidade e discernimento, tornando-se fator decisivo na edificação dos alicerces das nações e estabilizando o intercâmbio salutar entre os povos.

Por meio dele irrompem o vício e a corrupção, que arrojam criaturas levianas em fundos despenhadeiros de loucura e criminalidade.

Para consegui-lo, empenham-se os valores da inteligência, em esforços exaustivos, por meio dos quais são fomentados a indústria, o comércio, as realizações de alto porte, as ciências, as artes, os conhecimentos.

No submundo das paixões, simultaneamente, dele se utilizando, a astúcia e a indignidade favorecem os disparates da emoção, aliciando as ambições desregradas para o consórcio da anarquia com o prazer.

Por seu intermédio, uns são erguidos aos píncaros da paz, da glória humana, enquanto outros são arrojados às furnas pestilentas do pavor e da desagregação moral em que sucumbem.

Sua presença ou ausência é relevante para a quase totalidade dos homens terrenos.

Para o intercâmbio, no movimento das trocas de produtos e valores, o dinheiro desempenha papel preponderante.

Graças a ele, estabelecem-se acordos de paz e por sua posse explodem guerras calamitosas.

⚖

Usa-o sem escravizar-te.

Possui-o sem deixar-te por ele possuir.

Domina-o antes que te domine.

Dirigi-o com elevação, a fim de que não sejas malconduzido.

Mediante sua posse, faze-te pródigo, sem te tornares perdulário.

Cuida de não submeter tua vida, teus conceitos, tuas considerações e amizades ao talante do seu condicionamento.

Previdente, multiplica-o a benefício de todos, sem a avareza que alucina ou a ambição que tresvaria.

De como te servires do dinheiro, construirás o céu da alegria ou o inferno de mil tormentos para ti mesmo.

Se te escasseia nas mãos a moeda, não te suponhas vencido.

Ter ou deixar de ter importa pouco na economia moral da tua existência.

O importante será a posição que assumas em relação à posse.

Não te desesperes pela ausência do dinheiro.

Como há aqueles que se fizeram servos do que têm, há-os, também, escravizados ao que gostariam de ter.

O dinheiro é meio, não meta.

Imprescindível colocar-te jubilosamente na situação que a vida te brindou, padronizando as diretrizes e os desejos pessoais dentro dos limites transitórios da experiência educativa por que passas, consequência natural do mau uso que fizeste do dinheiro que um dia possuíste.

Por outros recursos poderás ajudar o próximo e erigir a felicidade pessoal, conforme as luminosas lições com que o Evangelho te pode enriquecer a vida.

Essencial é viver bem e em paz com ou sem o dinheiro.

20
DESPERDÍCIOS

Há muito desperdício no mundo, fomentando larga faixa de miséria entre os homens.

O que há abundante em tua mesa falta em muitos lares.

O excesso nas tuas mãos é escassez em inúmeras famílias.

O que te sobra e atiras fora, produz ausência em outros lugares.

O desperdício é fator expressivo de ruína na comunidade.

O homem, desejando fugir das realidades transcendentes da vida, afoga-se na fantasia, engendrando as indústrias da inutilidade, abarrotando-se com os acúmulos, padecendo sob o peso constritor da irresponsabilidade, em que sucumbe por fim.

A vida é simples nas suas exigências quase ascéticas.

Muitos cristãos distraídos, porém, ataviam-se, complicam os deveres, sobrecarregam-se do dispensável, desperdiçam valores, tempo e oportunidades edificantes para o próprio burilamento.

⚖

Desperdiçam palavras, amontoando-as em verbalismo inútil a fim de esconderem as verdades.

Desperdiçam tempo em repousos e férias demorados, que anestesiam os centros combativos de ação da alma encarnada.

Desperdiçam alimentos em banquetes, recepções, festas extravagantes com que disputam vaidades.

Desperdiçam medicamentos em prateleiras empoeiradas, aguardando, no lar, doenças que não chegarão, ou, em se apresentando, encontram-nos ultrapassados.

Desperdiçam trajes e agasalhos em armários fechados, que não voltarão a usar.

Desperdiçam moedas irrecuperáveis em jogos e abusos de todo gênero, sem qualquer recato ou zelo.

Desperdiçam a saúde nas volúpias do desejo e nas inquietações da posse com sofreguidão.

Desperdiçam a inteligência, a beleza, a cultura, a arte nos espetáculos do absurdo e da incoerência, a fim de fazerem a viagem da recuperação do que estragaram, em alucinada correria para lugar nenhum...

Não se recupera a malbaratada oportunidade.

Ninguém volta ao passado, na busca de refazê-lo, encaminhá-lo noutro rumo.

O desperdício alucina o extravagante e exaure o necessitado que se lhe faz vítima.

Há, sim, muito e incompreensível desperdício na Terra.

⚖

Reparte a tua fartura com a escassez do teu próximo.

Divide os teus recursos, tuas conquistas e vê-los-ás multiplicados em mil mãos, que se erguerão louvando e abençoando as tuas, generosas.

Passarás pelo mundo, queiras ou não. Os teus feitos ficarão aguardando o teu retorno.

Como semeares, assim colherás.

O que desperdiçares hoje te faltará amanhã, não o duvides.

Sê pródigo sem ser perdulário, generoso sem ser desperdiçador e o que conseguirás será crédito ou débito na contabilidade da tua vida perene.

21
PRESENÇA DO EGOÍSMO

No fundo das desgraças humanas, o egoísmo sempre aparece como causa essencial. Urde a agressividade e inspira a fuga ao dever sob disfarces inescrupulosos com que passa ignorado.

Remanescente das paixões que predominam em a natureza animal, vige com vigor, logrando triunfos de mentira com que não consegue saciar a sede dos gozos nem organizar o bastião de segurança em que busca apoio para a sistemática autodefesa.

Examinemo-lo em algumas nuanças:

O mentiroso acredita que se exime à responsabilidade do cometimento que oculta e, não raro, avança no rumo da infâmia ou calúnia logo a oportunidade se lhe faça propícia.

O egoísmo é-lhe o nefando inspirador.

O perseguidor crê-se amparado pela necessidade do desforço justo ou que procura justificar, transformando-se em implacável algoz.

O egoísmo sustenta-o na empresa inditosa.

O sensualista perverte o próximo, desrespeitando a honestidade das vítimas que lhe caem nas armadilhas.

O egoísmo absorvente emula-o ao desar contínuo.

O avaro amealha com sofreguidão, cobrando à sociedade um tributo absurdo, devorando os bens alheios e permitindo-se devorar pela sandice.

O egoísmo faz-se-lhe a força que o propele na infeliz tarefa.

O assaltante de qualquer denominação apropria-se indebitamente, utilizando-se, sub-repticiamente, da astúcia, da temeridade, do cinismo, da loucura.

O egoísmo domina-o feroz.

O misantropo arroga-se direitos na infelicidade que se impõe e exerce enérgico domínio em torno dos próprios passos, com que não amaina a melancolia em que se compraz.

O egoísmo concita-o à lamentável situação.

O vício de qualquer tipo, exercendo dominação sobre o homem, sem facultar a outrem qualquer ensancha de prazer.

Crê-se merecedor de tudo e a si mesmo se concede somente direitos e permissividades.

Morbo pestilencial, no entanto, consome aquele que o agasalha e vitaliza.

Destrói em volta, sem embargo, aniquila.

⚖

O conhecimento da vida espiritual constitui o antídoto eficaz a tão violento quão generalizado mal: o egoísmo.

Descarta-te de excessos e, disposto a vencê-lo, distribui o que te seja também necessário.

Não é uma conclamação à imprevidência, tampouco apoio à avareza.

Imprescindível combater por todos os modos possíveis esse adversário que se assenhoreia da alma e lhe estrangula as possibilidades de libertação.

Ama e espraia-te.

Desculpa e cresce na fraternidade.

Serve e desdobra a esperança.

Ora e dilata os valores da iluminação espiritual, clarificando mentes e corações no propósito excelente de vencer em definitivo esse verdugo que tem sido a matriz de todos os males que pesam na economia moral, social e espiritual da Humanidade.

22
AMOR-PRÓPRIO

É dos mais perigosos inimigos do homem. Ardilosamente oculta as intenções de que se nutre e exterioriza falsas argumentações com que se impõe, malévolo.

Ataca no momento azado, após realizar hábeis manobras, persistentes e vigorosas.

Consegue ocultar os objetivos reais que o açulam e enfileira-se com destaque entre os mais graves destruidores da harmonia íntima da criatura.

Intoxica quem o conduz e desfere dardos venenosos com segurança, produzindo vítimas que tombam, inermes, sob seus certeiros aguilhões.

Impiedoso, compraz-se quando esmaga e afivela à face a máscara de falsa compaixão com que dissimula os sorrisos da vitória nefasta.

Desvela-se sob artifícios e consegue desviar a atenção da sua tarefa lúgubre.

A queda do próximo alegra-o; a desdita de alguém emula-o; o descoroçoamento do lutador fascina-o; a derrota do adversário diverte-o...

Este venal servidor da desdita chama-se amor-próprio. Fere-se com facilidade e melindra-se sob pretextos imaginosos e fúteis.

Arregimenta o desculpismo para si mesmo e a fiscalização severa para os outros.

Por artimanhas domina os sentimentos e perturba o discernimento de quem lhe dá guarida.

Filho dileto do orgulho, é irmão gêmeo do egoísmo e célula cancerígena responsável por muitos reveses na vida das criaturas.

⚖

Combate-o com todas as forças.

Não lhe dês guarida nem convivas com as suas astúcias.

O amor a si mesmo recomendado por Jesus não objetiva os triunfos imediatos nem as situações acomodatícias.

Ajuda o Espírito a emergir das torpezas e a libertar-se das contingências transitórias, mediante a autodoação, a renúncia, a abnegação e o amor ao próximo.

⚖

Vidas que se podiam glorificar pelas oportunidades ditosas que fruem, malogram quando o amor-próprio as dirige.

Construções superiores do bem soçobram quando o amor-próprio as sitia.

Grupamentos humanos de relevância se desagregam quando o amor-próprio semeia o separatismo.

(...) E as guerras – consequência dos pequeninos conflitos que se travam nos grupos familiares – decorrem do amor-próprio doentio de governos arbitrários e enlouquecidos que tripudiam sobre os direitos humanos, e, transformados em abutres, logo sucumbem sobre os escombros dos vencidos em que se refestam...

Jesus, caluniado, agredido, desrespeitado, abandonado e crucificado, lecionando o amor fraternal – antítese do amor-próprio – e atestando a suprema força de que se encontrava investido, ofertou-nos, sábio, a mensagem-advertência salvadora contra esse inimigo que habita em nós e deve ser combatido sem tréguas: o amor-próprio.

23
RENOVAÇÃO

A poda propicia a renovação da planta. A drenagem faculta a modificação do campo. A decantação aprimora a qualidade do líquido.

O cautério enseja a laqueação de vasos e a destruição dos tecidos contaminados.

A modificação dos hábitos viciosos fomenta o entusiasmo que liberta do comodismo pernicioso e da atividade perturbadora.

Imperioso o esforço para a renovação que gera bênção e é matriz de prodigiosas conquistas.

Renovar ideias – haurindo no manancial inesgotável do Evangelho a inspiração superior.

Renovar palestras – mediante o exercício salutar do pensamento comedido e nobre.

Renovar atividades – colocando o "sal" da alegria e a gota de amor em cada tarefa a ser realizada.

Renovar objetivos – pelo estudo contínuo das metas e meios para a libertação espiritual, tendo em vista a decisão irrevogável de triunfar sobre as imposições afligentes que conspiram *no mundo* contra a paz verdadeira do Espírito.

Renovar é processo fecundo de produzir. Não apenas renovar para variar, antes reativar os valores que jazem vencidos pela rotina pertinaz, ou redescobrir os ideais que, a pouco e pouco, são consumidos pelo marasmo, vencidos pela modorra, desarticulados pelas contingências da mecânica realizadora.

A renovação interior – poda moral – desse modo, exige disciplina e sacrifício para lograr o êxito que se pretende colimar.

⚖

Diante da questão desagradável, que já consegues resolver, renova a paciência e tenta uma vez mais.

Ante a pessoa irritante que já conseguiu fazer-se antipática, renova conceitos e insiste na fraternidade um pouco mais.

Em face do antagonista gratuito que logra desagradar-te, renova o esforço de vencer-te e sê gentil ainda mais.

Perante o sofrimento que parece destruir-te, renova-te pela oração e confia mais.

⚖

O discípulo do Evangelho que desdenha o milagre da renovação pode ser comparado ao trabalhador que menospreza a esperança, tornando-se vítima fácil para o fracasso.

Jesus, o Sublime exemplo, ensinando a perene urgência da renovação dos propósitos superiores, cercou-se de pessoas difíceis de ser amadas, compreendidas, ajudadas, não desperdiçando situações nem circunstâncias negativas, armadilhas e astúcias em momentos de aflitivas conjunturas, propiciando-nos, assim, a demonstração do valor do ideal e da vivência do bem, conseguindo todos renovar e tudo modificar, em razão dos objetivos elevados do Seu ministério entre os homens.

Sem reclamar contra o pecado, renovou os pecadores.

Sem invectivar a astúcia, renovou as vítimas da perturbação bem urdida.

Sem reagir contra os que O perseguiam em caráter contumaz, renovou todos os que se facultavam à Sua palavra.

Toda a mensagem que nos legou, mediante palavras ou ações, constitui um poema e um hino de bênçãos à renovação do homem, do mundo e da Humanidade.

24
HEROÍSMO DA RESIGNAÇÃO

O imediatismo dos interesses apaixonados confunde-a com demência ou a tem em conta de deficiência de forças para poder investir violentamente contra as circunstâncias.

Não falta quem se rebele contra os seus necessários impositivos.

Tacham-na de covardia moral.

Creem-na ultrapassada, nos dias voluptuosos do tecnicismo moderno.

Todavia, a resignação é bênção lenificadora, quando a vida responde em dor e sombra, infortúnio e dificuldade aos apelos do homem.

Alternativa redentora, que somente os bravos se conseguem impor, reforça os valores espirituais para as lutas mais ingentes da inteligência e do sentimento.

Não deflui de uma atitude de medo, porquanto isso seria injustificável ante as Leis Superiores, mas resulta de morigerada e lúcida reflexão, que favorece o perfeito entendimento das imposições evolutivas.

O conhecimento dos fatores causais dos sofrimentos premia o homem com a tranquila responsabilidade que assume, em relação aos gravames que os motivaram.

Quiçá a resignação exija mais dinâmica da coragem para submeter-se, do que requereria a reação rebelada da violência. Entrementes, a atitude resignada não significa parasitismo nem desinteresse pela luta. Ao contrário, enseja fecundo labor ativo de reconstrução interior, fixação de propósitos salutares em programa eficaz de enobrecimento.

Ceder, agora, a fim de conseguir mais tarde.

Aguardar o momento oportuno, de modo a favorecer-se com melhores resultados.

Reagir pela paciência e mediante a confiança imbatível em Deus, apesar do quanto conspire, aparentemente contra.

Crer sem desfalecimento, embora as aparências aziagas.

Porfiar no serviço edificante sem engendrar técnicas da astúcia permissiva, quando tudo se apresenta em oposição.

Manter-se na alegria, não obstante sofrendo ou incompreendido, abandonado ou vencido, expressa os triunfos da resignação no homem consciente dos objetivos reais da existência na Terra.

O metal em altas temperaturas funde-se.

O rio caudaloso na planície espalha-se.

A semente no solo adubado transforma-se.

O cristão ativo na construção do testemunho resigna-se.

A própria reencarnação é um ato de submissão, quanto a desencarnação, desde que ocorrem independentemente da vontade do aprendiz, que se deve resignar às exigências superiores da evolução.

Resignação, por conseguinte, é conquista da não violência do Espírito que supera paixões e impulsos vis, a fim de edificar-se e triunfar sobre si mesmo e, em consequência, sobre os fatores negativos que lhe obstaculizam o avanço libertador.

VI
DA LEI DE DESTRUIÇÃO

728. É lei da Natureza a destruição?

"Preciso é que tudo se destrua para renascer e se regenerar. Porque, o que chamais destruição não passa de uma transformação, que tem por fim a renovação e melhoria dos seres vivos."

752. Poder-se-á ligar o sentimento de crueldade ao instinto de destruição?

"É o instinto de destruição no que tem de pior, porquanto, se, algumas vezes, a destruição constitui uma necessidade, com a crueldade jamais se dá o mesmo. Ela resulta sempre de uma natureza má."

(O Livro dos Espíritos)

25 HOSTILIDADES

26 CONSIDERANDO O MEDO

27 COMPANHEIROS PERIGOSOS

28 AGRESSIVIDADE

29 ANTE DISSENSÕES

30 ELES VIVEM

25
HOSTILIDADES

Sempre as defrontarás pelo caminho por onde avanças, elaborando a ventura.

Há quem hostilize o próximo por prevenção, despeito, inveja, ira, pelo prazer de inquietar. São os que estão de mal consigo próprios, seguindo a largos passos no rumo da loucura.

Há os que hostilizam os fracos, os caídos nos poços da viciação, os enganados, os pervertidos, pretextando-se tarefa de depuração moral da sociedade.

Há os que hostilizam os idealistas, os triunfadores, os abnegados servidores do bem, espicaçados por sentimentos inconfessáveis.

⚖

Se trabalhas e não dispões de tempo para a ociosidade e a maledicência, hostilizam-te os demolidores e atrasados morais.

Se te deténs na inutilidade e te acobertas na modorra dourada, hostilizam-te os adversários gratuitos que se avinagram ante as disposições igualmente doentias.

Faças ou deixes de fazer o bem não te faltarão hostilidades.

Muitas vezes vêm de fora, dos fiscais gratuitos da vida alheia. Noutras surgem no lar, no reduto familiar, entre as pessoas afeiçoadas, perturbando tuas realizações começantes, ferindo-te.

Refunde as aspirações superiores a que te afervoras nos fornos da abnegação e não te aflijas.

Intenta não revidar, tampouco desanimar, cultivando assim mesmo os propósitos relevantes com os quais conseguirás, por fim, liberar-te da perseguição deles.

Diante de pessoas hostis, a atitude mais correta é a da resistência pacífica, a perseverança na posição não violenta.

⚖

Quando nada te açode a alma nem te penetre os sentimentos em forma de acúleo e dor, estarás em perigo.

Águas paradas – águas pestilenciais.

Terra inculta – inutilidade em triunfo.

Instrumento ao abandono – desgaste à vista.

Todos os homens úteis atestaram a legitimidade dos seus propósitos e ideais sob as farpas da inveja e o ácido das hostilidades de muitos dos seus contemporâneos.

Perseguidos de todos os tempos que amaram as causas de enobrecimento humano, desbravadores de céus, terras e vidas, alcançaram a vitória, não obstante chibatados e vituperados pelos demais.

Não dispunham de tempo para atender à malícia e ao despeito dos seus adversários.

A flama que lhes ardia n'alma era sustentada pelos combustíveis do sacrifício e da renúncia que os levaram à imolação, com que selavam a grandeza dos seus misteres.

Não temas os que hostilizam, difamam, infelicitam.

Não foram poucas as personagens que se movimentaram para a tragédia da Cruz. Sem embargo, o Crucificado, erguido ao ponto mais alto do cenário sinistro, permanece incorruptível e vivo na consciência universal, enquanto todos os que O haviam hostilizado passaram carregados pelo vendaval das paixões, consumindo-se nas alucinações que já os dominavam.

26
Considerando o medo

Coisa alguma se te afigure apavoradora.

A vida são as experiências, vitoriosas ou não, que te ensejam aquisições para o equilíbrio e a sabedoria.

Não sofras, portanto, por antecipação, nem permitas que o fantasma do medo te perturbe o discernimento ante os cometimentos úteis, ou te assuste, gerando perturbação e receio injustificado.

Quando tememos algo, deixamo-nos dominar por forças desconhecidas da personalidade, que instalam lamentáveis processos de distonia nervosa, avançando para o desarranjo mental.

Os acontecimentos são conforme ocorrem e como tal devem ser enfrentados.

O medo avulta os contornos dos fatos, tornando-os falsos e exagerando-lhes a significação.

Predispõe mal, desgasta as forças e conduz a situação prejudicial sob qualquer aspecto se considere.

O que se teme raramente ocorre como se espera, mesmo porque as interferências divinas sempre atenuam as dores, até quando não são solicitadas.

O medo invalida a ação benéfica da prece, esparze pessimismo, precipita em abismos.

Um fato examinado sob a constrição do medo descaracteriza-se, um conceito soa falso, um socorro não atinge com segurança.

A pessoa com medo agride ou foge, exagera ou se exime da iniciativa feliz, torna-se difícil de ser ajudada e contamina, muitas vezes, outras menos robustas na convicção interna, desesperando-as, também.

O medo pode ser comparado à sombra que altera e dificulta a visão real.

Necessário combatê-lo sistemática, continuamente.

⚖

Doenças, problemas, notícias, viagens, revoluções, o porvir, não os temas.

Nunca serão conforme supões.

Uma atitude calma ajuda a tomada de posição para qualquer ocorrência aguardada ou que surge inesperadamente.

Não são piores umas enfermidades do que outras.

Todas fazem sofrer, especialmente quando se as teme e não se encoraja a recebê-las com elevada posição de confiança em Deus.

Os problemas constituem recursos de que a vida dispõe para selecionar os valores humanos e eleger os verdadeiros lutadores, discernindo-os dos falsos.

As notícias trazem informes que, sejam trágicos ou lenificadores, não modificam senão a estrutura de uma realidade que se está a viver.

As viagens têm o seu fanal e recear acidentes, aguardá-los, exagerar providências, certamente não impedem que o homem seja bem ou malsucedido.

As revoluções e guerras que alcançam bons e maus estão em relação à violência do próprio homem que, vencido pelo egoísmo, explode em agressividade, graças aos sentimentos predominantes em a sua natureza animal.

Ninguém pode prever o imprevisto ou evadir-se à necessária conjuntura cármica para o acerto com as Leis Superiores da evolução.

Prudência, sim, é medida acautelatória e impostergável para se evitarem danos inecessários.

Afinal, em face do medo, deve-se considerar que o pior que pode suceder a alguém é advir a desencarnação. Se tal ocorrer, não há, ainda, por que temer, desde que morrer é viver.

O único cuidado que convém examinar diz respeito à situação interior de cada um perante a consciência, o próximo, a vida e Deus.

Em face disso, em vez do sistemático cultivo do medo, uma disposição de trabalho árduo e intimorato, confiança em Deus, a fim de enfrentar bem e utilmente toda e qualquer coisa, fato, ocorrência, desdita...

Entrega-te ao fervor do bem e expulsa d'alma as artimanhas da inferioridade espiritual.

Faze luz íntima e os receios infundados baterão em retirada.

A responsabilidade dar-te-á motivos para preocupações, enquanto o medo minimizará as tuas probabilidades de êxito.

Jesus, culminando a tarefa de construir nos tíbios corações humanos a ventura e a paz, açodado pelos famanazes da loucura em ambos os lados da vida, inocente e pulcro, não temeu nem se afligiu, ensinando como deve ser a atitude de todos nós, em relação ao que nos acontece e ao de que necessitamos para atingir a glorificação interior.

27
COMPANHEIROS PERIGOSOS

São envolventes, persuasivos, gentis.

Indiferentes à gravidade dos problemas que perturbam o próximo, fazem-se solidários quando a pessoa está equivocada, tomando-lhe o partido.

— *Não dê importância a quem o adverte* — conclamam, quando o outro está em compromisso negativo.

— *Seja superior* — arengam aos ouvidos de quem foi colhido pela circunstância infeliz que engendrou.

— *Nada de pedir perdão* — arrematam ao interlocutor perturbado, que se ampara na sua frivolidade.

— *Aproveite a vida! Somente se vive uma vez* — resmungam, conselheirais, como se dotados de toda a paciência.

Outras vezes, apresentam-se como privilegiados, com um sorriso bailando nos lábios, concitando à tolerância para com tudo, isto é, exatamente em referência às coisas que levam à abjeção moral.

Passam considerados como "boas pessoas, dotados de excelentes valores", porque conseguem ocultar, no cinismo doentio de que são vítimas, os distúrbios morais e mentais em que se debatem.

Sabes, sem que ninguém te aplauda ou objurgue, quando acertas ou erras.

A palavra estimulante é de significação valiosa, indispensável mesmo. As expressões encomiásticas, todavia, alardeando qualidades que não possuis, trazem o bafio da loucura e levam ao desequilíbrio. Nesse sentido, a crítica de qualquer natureza, quando procedente, mesmo ácida, sempre merece consideração.

⚖

Pessoas apontam-te os teus erros quando estás ausente, censurando-te, não obstante refugiam-se na tua presença, elogiando-te.

Companheiros atiram os teus erros à tua face, em nome da lealdade, desanimando-te.

Agem erradamente. São perigosos, quão insensatos.

Reflexiona com calma em torno dos teus atos e ouve a consciência. Se persistires em dúvida quanto ao acerto desta ou daquela atitude, ora, consulta o Evangelho e ele te responderá irrefragavelmente com segurança, discrição gentil e nobre.

Se quiseres entenderás a mensagem que dele dimana, compreendendo como deverás atuar de outra vez com retidão.

Nem todos possuem capacidade de discernimento para ajudar com acerto.

O conselho alheio é respeitável, mas não imprescindível.

Considera as opiniões, os arrazoados, os palpites dos teus amigos. Tem, porém, cuidado com aqueles que, embora aparentem amizade, são adversários perigosos disfarçados.

Por isso, em qualquer circunstância segue, consulta e ouve Jesus, que nunca erra, jamais abandona e ajuda sempre com amor.

28
AGRESSIVIDADE

O agressor deve ser examinado como alguém perturbado em si mesmo, em lamentável processo de agravamento. Não obstante, merece tratamento a agressividade, que procede do Espírito cujos germes o contaminam, em decorrência da predominância dos instintos materiais que o governam e dominam.

Problema sério que exige cuidados especiais, a agressividade vem dominando cada vez maior número de vítimas, que lhe caem inermes nas malhas constritoras.

Sem dúvida, fatores externos contribuem para distonias nervosas, promotoras de reações perturbantes, que geram, não raro, agressividade naqueles que, potencialmente, são violentos.

Acostumado à lei da selva, o Espírito atribulado retorna à carne galvanizado pelas paixões que o laceram e de que não se deseja libertar, favorecendo facilmente que as reminiscências assomem ao consciente e se reincorporem à personalidade atual, degenerando nas trágicas manifestações da barbárie, que ora aterram todas as criaturas.

A agressividade reponta desde os primeiros dias da vida infantil e deve ser disciplinada pela educação, na sua nobre finalidade de corrigir os maus hábitos e criar outros salutares.

A pouco e pouco refreada, termina por ceder lugar às expressões superiores que constituem a natureza espiritual de todo homem.

O Espírito é constituído pelos feixes de emoções que lhe cabe sublimar ao império dos renascimentos proveitosos.

O que não corrija agora se transforma em rude adversário a tocaiá-lo nas esquinas do futuro...

O temperamento irascível, aqui estimulado, ressurge em violência infeliz adiante...

O egoísmo vencido, o orgulho superado cedem lugar ao otimismo e à alegria de viver para sempre.

⚖

O agressivo torna-se vítima da própria agressividade, hoje ou posteriormente.

O organismo sobrecarregado pelas toxinas elaboradas arrebenta-se em crise de apoplexia fulminante.

A máquina fisiológica sacudida pelas ondas mentais de cólera, sucumbe, inevitavelmente, quando não desarranja a aparelhagem eletrônica em que se sustenta, dando início aos lances da loucura e das aberrações mentais.

Outrossim, gerando ódio em volta de si, o agressivo atrai outros violentos com os quais entra em choque, padecendo, por fim, as consequências das arbitrariedades a que se permite.

Não foi por outra razão que Jesus aconselhou a Simão, no momento grave da Sua prisão: *"Embainha a tua espada, porque quem com ferro fere, com ferro será ferido"*.

Acautela-te e vence a agressividade, antes que ela te infelicite e despertes tardiamente. Só o amor vence todo mal e nunca se deixa vencer.

29

ANTE DISSENSÕES

Jamais faltarão dissensões enquanto o homem não se despoje dos sombrios andrajos do egoísmo e do orgulho. Repontam em toda parte, desde que a criatura se permita arbitragem indevida, envolvendo-se nos problemas do próximo. Semelhantes a escalracho infeliz, proliferam com celeridade e asfixiam as mais belas expressões de vida no jardim, anulando o esforço da ensementação da esperança e da alegria.

Sutilmente iniciam o contágio, qual ocorre com o morbo e outras variadas formas de contaminação, culminando por anular nobres esforços.

Quando surgem, já se encontram espalhadas.

Sem dúvida, é câncer moral.

Indispensável vigiar-lhe a metástase no organismo social, de modo a preservar a comunidade em cujo corpo se instala, utilizando-se da dubiedade moral e das falhas do caráter em cujas células irrompe.

Policiar a palavra e refletir com segurança são terapêuticas valiosas para deter-lhe a proliferação.

Preservar-se pela oração, resguardando os ouvidos e o coração à sua insidiosa interferência são medidas preventivas de real valia.

Desde, porém, que se estabeleçam as redes das tricas e das informações malsãs, inútil envolver-se, tomando partido.

Salutar é erguer-se pelo trabalho edificante às paisagens de luz, a fim de que, passada a tempestade da dissensão malévola, possam sobreviver nos seminários do bem as plântulas valiosas e os abençoados frutos de paz e realização.

⚖

Resguarda-te dos que promovem dissensões.

Atormentados em si mesmos, comprazem-se, na alucinação que os aflige, em espalhar miasmas, quais cadáveres ao abandono, consumidos pela desarticulação que os vence.

Cerra os ouvidos diante deles e, embora escutando as suas instâncias, não irradies as malsãs informações.

Candidatas-te ao serviço e ao entendimento, não ao mister de usufruir, de desfrutar benefícios.

Se considerares que estás na Terra em reparação espiritual, recuperando o patrimônio malbaratado, submeter-te-ás facilmente à injunção deles, sem os sofreres, sem te magoares.

Tornados teus censores, transformados em teus fiscais, compreenderás que são teus benfeitores.

O trilho estreito que obriga a locomotiva à obediência salva-a de desastres lamentáveis.

O cautério que dói libera o corpo da enfermidade perniciosa.

A poda violenta obriga a seiva à renovação da vida no vegetal exaurido.

Assim a dor, as dificuldades.

Mesmo acossado, submetido à rigorosa constrição dos companheiros em agonia moral, que desconhecem a procedência do mal que os vitima, não dissintas.

Se não concordas, silencia e aguarda o tempo.

Se executares a tua parte corretamente, o valor do dever cumprido realçará o teu esforço.

Se não pretendes a glória do êxito no trabalho, não te preocuparás com a ausência do sucesso nas tuas realizações.

O triunfo de fora jamais sacia a sede de paz interior.

Discordar, quiçá dialogar, apresentando opiniões e fraternalmente sugerindo são atitudes relevantes que não podes desconsiderar nem delas te evadires. Dissentir, jamais.

O Colégio Galileu mantinha dificuldades entre os seus membros. Jesus, porém, como medida de perfeito equilíbrio, não se permitiu dominar ou ceder ante as murmurações, os distúrbios que assolavam nas paisagens morais dos companheiros desatentos.

Ajudava-os sem ferir, sem azorragar, sem incriminar.

Sabendo-os crianças espirituais, mantinha em relação a eles indulgência e abnegação, socorrendo-os sem termo.

Toma-O como teu exemplo e faze conforme Suas lições vivas te ensinaram.

Se, todavia, sentires a fragilidade dominando-te, reflete que aquele que sobrecarrega o irmão já cansado, censurando-o ou malsinando-o, faz-se responsável pela sua desídia como pela sua queda.

Envolve-te, em qualquer situação e lugar onde medrem dissensões, nestes tormentosos dias de paixões generalizadas e ácidas agressões verbalistas, na *lã do Cordeiro de Deus* e faze o teu caminho pavimentado com a humildade e a renúncia, lobrigando, assim, alcançar as cumeadas da montanha de redenção, onde fruirás a paz da consciência tranquila e a alegria do dever cumprido.

30
ELES VIVEM

Sim, com a morte orgânica ocorre uma desagregação de moléculas que prosseguem em transformação. Não, porém, o aniquilamento da vida.

Desintegra-se a forma, todavia não se dilui a essência.

A modificação que se opera no mundo corporal produz o desaparecimento físico, sem embargo permanecem os liames da afetividade, as evocações queridas, as ocorrências do quotidiano alimentadas pela vida do Espírito imortal, que se emancipou das limitações carnais, sobrevivendo às contingências do desgaste inevitável, que se finou na disjunção material transitória.

Triunfa a vida sempre sobre a extinção do corpo.

A porta do túmulo que se fecha para determinadas expressões abre-se, em triunfo, para outras realizações da vida.

O encerramento de uma existência humana, no cometimento da morte, equivaleria a lamentável falha da organização da vida...

O princípio que agrega as células e as organiza para o ministério da investidura humana, com o desconectar das engrenagens pelas quais se manifesta, prossegue em incessante curso de aprimoramento e ascensão, na busca da felicidade a que está destinado.

Em face da ocorrência da morte que te visita o lar, não te permitas a surpresa insensata, que se transforma em alucinação e rebeldia.

Desde logo, conjectura com segurança em torno desse fatalismo biológico, que é a morte do corpo, armando-te com os esclarecimentos com que interpretarás os possíveis enigmas em torno do pós-desencarnação.

Se ainda não foste visitado por esta rude aflição, não creias que serás poupado, vivendo em clima de ilusória exceção.

Se, todavia, já sorves o travo da saudade e resguardas as feridas, ainda em dores produzidas pela partida dos seres amados, retifica conceituações e reformula observações.

Não penses em termos finalistas.

Examina a majestade da vida em toda parte e faze paralelos otimistas.

Teus amores não se acabaram, transferiram-se de *habitat* e prosseguem vivendo.

Ouvem os teus pensamentos, *sentem* as tuas aspirações, *sofrem* as tuas revoltas, *fruem* as tuas esperanças, *amam-te*...

Se os amaste, realmente, não recalcitres em razão da sua partida para outras dimensões da existência.

Sê-lhes grato pelas horas ditosas que te concederam, pelos sorrisos que musicaram o lar da tua alma, e, em nome deles, esparze a dádiva da alegria com outros seres tão sofridos ou mais amargurados do que tu mesmo, preparando-te, a teu turno, para o reencontro, oportunamente.

O silêncio da sepultura é pobreza dos sentidos físicos que não conseguem alcançar mais sutis percepções!...

Pensa nos teus *finados* com carinho e dialogarás com eles, senti-los-ás e vibrarás ante a cariciosa presença com que te vêm diminuir a pungente dor da saudade.

(...) E, não raro, quando parcialmente desprendido pelo sono, reencontrá-los-ás, esperando-te que estão nas ditosas paisagens do mundo a que fazem jus e onde habitarás, também, mais tarde...

Se, todavia, não conseguires o medicamento da esperança na hora grave da angústia, ora. Deixa-te arrastar pelas vibrações sublimes da prece de que sairás lenificado e confiante para concluíres a própria jornada, lobrigando a libertação a que aspiras em forma de plenitude junto aos que amas e te esperam na Vida verdadeira.

VII

DA LEI DE SOCIEDADE

766. A vida social está em a Natureza?

"Certamente. Deus fez o homem para viver em sociedade. Não lhe deu inutilmente a palavra e todas as outras faculdades necessárias à vida de relação."

775. Qual seria, para a sociedade, o resultado do relaxamento dos laços de família?

"Uma recrudescência do egoísmo."

(*O Livro dos Espíritos*)

---

31 INTERCÂMBIO SOCIAL

32 PARTICIPAÇÃO NA FELICIDADE

33 AMIZADES E AFEIÇÕES

34 ABNEGAÇÃO

35 REFREGAS DA EVOLUÇÃO

36 REFERÊNCIAS ENCOMIÁSTICAS

31
INTERCÂMBIO SOCIAL

O homem, inquestionavelmente, é um ser gregário, organizado pela emoção para a vida em sociedade. O seu insulamento, a pretexto de servir a Deus, constitui uma violência à lei natural, caracterizando-se por uma fuga injustificável às responsabilidades do dia a dia.

Graças à dinâmica da atualidade, diminuem as antigas incursões ao isolacionismo, seja nas regiões desérticas para onde o homem fugia a buscar meditação, seja no silêncio das clausuras e monastérios onde pensava perder-se em contemplação.

O Cristianismo possui o extraordinário objetivo de criar uma sociedade equilibrada, na qual todos os seus membros sejam solidários entre si.

O "negar o mundo", do conceito evangélico, não significa abandoná-lo, antes criar condições novas, a fim de modificar-lhe as estruturas negativas e egoísticas, engendrando recursos que o transformem em reduto de esperança, de paz, perfeito símile do "Reino dos Céus", a que se reportava Jesus.

A vivência cristã se caracteriza pelo clima de convivência social em regime de fraternidade, no qual todos se ajudam e se socorrem, dirimindo dificuldades e consertando problemas.

Viver o Cristo é também conviver com o próximo, aceitando-o conforme suas imperfeições, sem constituir-lhe fiscal ou pretender corrigi-lo, antes acompanhando-o com bondade, inspirando-o ao despertamento e à mudança de conduta *motu proprio*.

A reforma pessoal de alguém inspira confiança, gera simpatia, modifica o meio e renova os cômpares com quem cada um se afina.

Isolar-se, portanto, a pretexto de servir ao bem não passa de uma experiência na qual o egoísmo predomina, longe da luta que forja heróis e constrói os santos da abnegação e da caridade.

⚖

Criaturas bem-intencionadas sonham com comunidades espiritualizadas, perfeitas, onde se possa viver em regime da mais pura santificação.

Assim tocadas, programam colmeias, organizam comitês para tal fim, e os mais ambiciosos laboram por cidades onde o mal não exista e todos se amem...

Em verdade, tal ambição, nobre, por enquanto impraticável, senão totalmente irrealizável, representa uma reminiscência ancestral das antigas comunidades religiosas nas quais o atavismo criou necessidades de elevação num mundo especial, longe das realidades objetivas entre os homens em evolução.

Jesus, porém, deu-nos o exemplo.

Desceu das Regiões felizes ao vale das aflições, a fim de ajudar.

Não convocou os privilegiados, antes convidou os infelizes, os rebeldes e rejeitados, suportando suas mazelas e assim mesmo os amando.

No colégio íntimo, esteve a braços com as sistemáticas dúvidas dos amigos, suas ambições infantis, suas querelas frívolas, suas disputas...

Não se afastou deles, embora suas imperfeições, não se rebelou contra eles.

Ajudou-os, incansavelmente, até os momentos extremos, quando, sofrendo, no Getsêmani, surpreendeu-os, mais de uma vez, a dormir...

E retornou ao convívio deles, quando atemorizados, a sustentá-los e animá-los, a fim de que não deperecessem na fé, nem na dedicação em que se fizeram mais tarde dignos do seu Mestre, em face dos testemunhos libertadores a que se entregaram...

⚖

Atesta a tua confiança no Senhor e a excelência da tua fé mediante a convivência com os irmãos mais inditosos do que tu mesmo.

Sê-lhes a lâmpada acesa a clarificar-lhes a marcha.

Nada esperes dos outros.

Sê tu quem ajuda, desculpa, compreende.

Se eles te enganam ou te traem, se te censuram ou te exigem o que não dão, ama-os mais, sofre-os mais, porquanto são mais carecentes de socorro e amor do que supões.

Se conseguires conviver pacificamente com os amigos difíceis e fazê-los companheiros, terás logrado êxito, porquanto Jesus em teu coração estará sempre refletido no trato, no intercâmbio social com os que te buscam e com os quais ascendes na direção de Deus.

32
PARTICIPAÇÃO NA FELICIDADE

Quando alguém chora acoimado por este ou aquele problema, fácil é participares do seu drama, dilatando esforços para diminuir-lhe o padecimento.

Ante a fome ou a enfermidade experimentas o apelo aos elevados sentimentos que te concitam à ajuda automática e rápida.

Sem dúvida, todo socorro que se oferta a alguém que sofre é de relevante significação.

Caridade, sim, a dádiva material e o gesto moral de solidariedade.

Indispensável, porém, não te deteres na superfície da realização.

Há os que são solidários na dor, assumindo a posição de benfeitores, em lugar de realce com o que se realizam interiormente.

Todavia, quando defrontam amigos em prosperidade, companheiros em evidência, conhecidos em situação de relevo, deixam-se ralar por mágoa injustificável, transformando-se em fiscais impenitentes e acusadores severos, que não perdoam a ascensão do próximo.

Ressentimentos se acumulam nas paisagens íntimas, e, azedos, referem-se ao êxito alheio, vencidos por torpe inveja.

Não sabem o preço do triunfo de qualquer procedência, quando na Terra.

Ignoram os contributos que deve doar todo aquele que se alça a situação de destaque.

Farpas da maledicência e doestos do ciúme, perseguição sistemática disfarçada de sorrisos, ausência de amigos legítimos tornam as ilusórias horas douradas do homem de relevo em momentos difíceis de ser vencidos.

Assume posição diferente.

Sem que te faças interessado no que ele tem ou é, rejubila-te com o progresso de quem segue contigo.

Quando alguém se eleva, com ele se ergue toda a Humanidade. Quando alguém cai é prejuízo na economia moral do planeta.

Solidário na dificuldade do teu irmão, participa dos júbilos do teu próximo para que a ingestão do veneno do despeito e do tóxico da animosidade não te destrua a alegria de viver.

Ser feliz com a felicidade alheia é também forma de caridade cristã.

33
AMIZADES E AFEIÇÕES

Não apenas a simpatia como ingrediente único para facultar que os afagos da amizade te adornem e enlevem o Espírito.

Muito fácil ganhar como perder amigos. Quiçá difícil se apresente a tarefa de sustentar amizades, em vez de somente consegui-las.

O magnetismo pessoal é fator importante para promover a aquisição de afetos. Todavia, se o comportamento pessoal não se padroniza e sustenta em diretrizes de enobrecimento e lealdade, as amizades e afeições não raro se convertem em pesada canga, desagradável parceria que culmina em clima de animosidade, gerando futuros adversários.

Nesse particular, existem pequenos fatores que não podem nem devem ser relegados a plano secundário, a fim de que sejam mantidas as afeições.

A planta não irrigada sucumbe sob a canícula.

O grão não sepulto morre.

O lume sem combustível se apaga.

A máquina sem graxa arrebenta-se.

Assim, também, a amizade que sem o sustento da cortesia e da gentileza se estiola.

Se desejas preservar teus amigos não creias consegui-lo mediante um curso de etiqueta ou de boas maneiras, com que, muitas vezes, a aparência estudada, artificial, substitui ou esconde os sentimentos reais. Os impositivos evangélicos que te apliques ser-te-ão admiráveis técnicas de autenticidade, que funcionam como recurso valioso para a sustentação do bem em qualquer pessoa.

A afabilidade, a doçura, a gentileza de alguém, aparentemente destituído de simpatia, conseguem propiciar a presença de amigos, retê-los e torná-los afetos puros para sempre.

Amizades se desagregam ou se desgastam exatamente após articuladas, no período em que os consórcios fraternos se descuidam de mantê-las.

E isso normalmente ocorre como consequência de atitudes que se podem evitar:

o olhar agressivo;

a palavra ríspida;

o atendimento hostil ou negligente;

a lamentação constante;

a irreverência acompanhada pela frivolidade;

a irritação contínua;

a queixa contumaz;

o pessimismo vinagroso...

Os amigos são companheiros que também têm problemas. Por essa razão se acercam de ti.

Usa, no trato com eles, quanto possível, a bondade e a atenção, a fim de que, um dia, conforme Jesus enunciou: *"Já não vos chamo servos, porque o servo não sabe o que faz seu senhor; mas, tenho-vos chamado amigos, porque vos revelei tudo quanto ouvi de meu Pai"*, tornando-te legítimo amigo de todos, consequentemente fruindo as bênçãos da amizade e da afeição puras.

34
ABNEGAÇÃO

Mais profunda do que a ação de solidariedade, pura e simplesmente.

Mais nobre do que gesto asceta de desprezo e indiferença pelo mundo.

Mais elevada do que o altruísmo no seu sentido sociológico.

A abnegação é a oferenda de amor ao próximo, que leva ao sacrifício como forma inicial de caridade relevante.

Tem origem nos pequenos cometimentos do auxílio fraternal com renúncia pessoal, mediante a qual a imolação reserva para quem a exerce a alegria de privar-se de um prazer, em prol do gozo de outrem.

Uma noite de sono reparador trocada pela vigília junto a um enfermo não vinculado diretamente aos sentimentos, quer pela consanguinidade ou por interesse de outra procedência.

A cessão de um bem que é preciso e quiçá faça falta, desde que constitua a alegria de outra pessoa.

A paciência e a doçura na atitude, com esforço e sem acrimônia interna, na desincumbência de um grave mister, dirigido às criaturas humanas.

A jovialidade, ocultando as próprias dores, de modo a não afligir aqueles com os quais se convive.

A perseverança discreta no trabalho mortificante, sem queixa nem enfado, desde que resultem benefícios para os demais.

A ação não violenta, o silêncio ante a ofensa, a não defesa em face de indébitas acusações, considerando, com esse esforço sacrificial, não comprometer nem ofender a ninguém, são expressões de renúncia ao amor-próprio, dando lugar à abnegação, que ora escasseia entre as criaturas e, no entanto, é essencial para a construção do bem entre os homens da Terra.

Um gesto de abnegação fala mais expressivamente do que brilhantes páginas escritas ou discursos de alta eloquência e rebuscada técnica retórica...

A abnegação felicita quem a recebe, mas santifica quem a exercita.

O utilitarismo e o imediatismo modernos encontram soluções eufemistas, por meio de processos de transferência para as realizações que recomendam a abnegação de cada um.

Nesse sentido, o egoísmo é um entrave dos mais impeditivos para a consecução do sacrifício com que se pode enflorescer de bênçãos a cruz da abnegação. Diante de um esforço que te cabe brindar a alguém que sofre, não transfiras a oportunidade de ser abnegado.

Sob pretexto algum te poupes à operosa produção da felicidade, se o cometimento te exige abnegação.

Melhor ser o sacrificado pelo bem e pelo progresso dos seres do que o usufrutuário das coisas.

No ato de espalhar o conforto moral, não entreteças opiniões desairosas nem te apresentes na condição de mártir com o fim de inspirares simpatia.

Sê autêntico no dever.

O abnegado se desconhece. Ama com devotamento, e a flama do amor que lhe arde no íntimo raramente dá-lhe tempo para pensar primeiro em si, porquanto os problemas e as dores dos seus irmãos em humanidade têm para ele regime de prioridade.

Se, todavia, desejares um protótipo que te expresse com mais veemência a grandeza da abnegação, recorre a Jesus que, em se esquecendo de Si mesmo, abraçou a cruz do sacrifício, a tudo renunciando, a fim de, por essa forma, testemunhar o Seu afeto e devoção por todos nós.

Oxalá, assim, a abnegação te dulcifique o ser e te faça realmente cristão.

35
REFREGAS DA EVOLUÇÃO

A pesar das rudes refregas da luta, não te deixes abater. Sob o peso de indescritíveis aflições, não te guardes à sombra do desalento.

Mesmo que os caminhos estejam refertos de dificuldades, não estaciones desanimado na jornada empreendida.

Aprende com a natureza: a terra sacudida pelo desvario dos ventos renova-se, cessada a tormenta; o solo encharcado retoma a verdura, e o arvoredo esfacelado cobre-se novamente de flores.

Em toda parte a vida se renova incessantemente, sob o látego das aflições, convidando-te a imitar-lhe o exemplo.

Não permitas, assim, que o pessimismo, esse conselheiro soez, balbucie aos teus ouvidos expressões de desencanto em relação às tarefas elegidas.

Recorda Jesus, abandonado, traído, em extrema solidão, plantando sozinho a espada luminosa do dever, desde então transformada em marco de luz para a Humanidade inteira.

⚖

Não te meças por aqueles que tombaram, deixando-te empolgar pelas deficiências deles.

A terra não se sente desrespeitada com o cadáver que lhe macule o solo. Recebe a dádiva da decomposição celular como bênção e transforma os tecidos apodrecidos em energias novas que são preciosas a outras vidas.

Se o companheiro ao teu lado cair, por que te desalentares? Encoraja-te e reflete que, apesar do fracasso dele, necessitas chegar ao fim.

Não te intimides com o insucesso alheio. A correnteza não cessa o curso porque a lama se encontra à frente; atravessa as camadas da dificuldade e surge, novamente límpida, adiante para abraçar o mar que a aguarda ao longe.

Se o amigo não teve a felicidade de manter o padrão de equilíbrio que se fazia necessário na tarefa empreendida, conduze a mensagem que ele não pôde levar aos angustiados que te esperam, ansiosos, à frente.

Fita a face dos triunfadores e deixa-te estimular pelo exemplo deles.

O caminho do Calvário é a história de uma grande solidão e toda a Boa-nova é hino de fidelidade ao dever.

O Mestre nem sequer repreendeu Judas, ou censurou Pedro, ou doou taça de fel a Tomé, em dúvida.

Fez-se o atestado vivo e imortal do Pai, transformando-se em caminho para todos os arrependidos que O desejam seguir.

Na Boa-nova, a queda de cada discípulo é uma advertência para a vigilância dos que vêm depois; a deserção do aprendiz representa um convite à perseverança dos novos candidatos à escola universal do amor.

Robustece o ânimo, amigo do Cristo, fita o Sol generoso a repetir sem cansaço a mensagem da alvorada diariamente, e segue fiel, de fronte erguida e coração içado ao bem, mantendo a tua comunhão com o Mestre nos deveres que te competem, certo de que não seguirás sozinho.

36
REFERÊNCIAS ENCOMIÁSTICAS

Agredido pela pedrada rude com que a impiedade zurze a sua malquerença ante o bem em triunfo, não desfaleças na desincumbência do ideal.

O petardo que te alcança, mesmo ferindo a sensibilidade da tua alma ou rasgando a tecedura fisiológica do teu corpo, é bênção de que podes retirar incalculáveis resultados opimos.

O agressor é sempre alguém em aturdimento, de quem a Lei, muitas vezes, se utiliza a fim de chamar-te a atenção e situar-te no devido lugar de trabalhador da causa das minorias do Evangelho.

Perigosa, entretanto, na tarefa a que doas o melhor dos teus sentimentos, é a referência encomiástica, exaltada e perturbadora.

Semelhante a punhal disfarçado em veludo, penetra-te e aniquila as tuas decisões superiores, fazendo-te desfalecer. É comparável a veneno perigoso em taça de cristal transparente. Chega-se aos lábios da alma, produzindo imediata intoxicação.

Necessário colocar-te em atitude de defesa contra os que aplaudem, os que enaltecem, os que, momentaneamente iludidos, podem transformar os teus sentimentos, que aspiram à paz, em perturbações que ensejam a glória efêmera.

Sabes pela experiência que o bom amigo traduz os seus sentimentos invariavelmente pelo testemunho da solidariedade silenciosa, da ação produtiva e do amparo fraternal, e não mediante as palavras explosivas, carregadas de lisonja.

O júbilo que explode no momento de exaltação também se converte em máscara de ira no momento de desgraça.

Poderás identificar o apoio ou a ressalva, o acerto ou o equívoco dos teus cometimentos se te exercitares no hábito salutar da reflexão e do exame das atividades encetadas.

⚖

"O bom trabalhador é digno do seu salário" – disse Jesus. E o salário de quem trabalha com o Cristo é a paz da consciência correta.

O lídimo cristão sabe que tudo quanto faça nada faz, em considerando a soma volumosa de bênçãos que usufrui quando nas tarefas do Senhor.

Não te deixes, portanto, perturbar pela balbúrdia dos companheiros aturdidos, de palavras fáceis, gestos comovidos que te trazem o encômio vulgar, instrumentos, quiçá, de mentes levianas da Espiritualidade inferior interessadas na tua soberba e na tua queda.

Vigia as nascentes donde procede o elogio e não o apliques a ninguém, nem te facultes recebê-lo de ninguém.

⚖

É verdade que todos necessitam do estímulo. Entre o estímulo sadio e a palavra enganosa medeia uma grande distância.

Poderás incutir no teu amigo o estímulo de que ele precisa.

Um gesto de ternura numa expressão da face em júbilo edificante, mediante a palavra bem dosada com expressões de equilíbrio, terçando armas ao lado, quando ele necessita de alguém e participando com ele da experiência da fé, no amanho do solo dos corações com o arado da caridade e a perseverança do tempo, são atestados inequívocos de aplauso nobre.

Encômios, Jesus, o modelo excepcional de todos nós, nunca os recebeu dos que O cercavam. A dúvida, porém, a suspeição rude, a injunção negativa, a coroa de espinhos, o cetro do ridículo, o manto da chocarrice e a cruz da ignomínia sim, Ele os aceitou em silêncio, e, não obstante, representava a Verdade máxima que jamais a Terra recebera.

Não pretendas, a serviço d'Ele, superá-lO sem lograr sequer o que Ele jamais almejou: o triunfo equivocado das criaturas humanas.

Preserva-te nos postulados e tarefas do bem e, ocorra quanto ocorrer, sê-Lhe fiel sem fantasias, sem enganos e sem aceitar as expressões encomiásticas que a tantos têm iludido e derrubado no cumprimento do dever.

VIII

DA LEI DO PROGRESSO

80. O progresso moral acompanha
sempre o progresso intelectual?

*"Decorre deste, mas nem sempre o segue
imediatamente."*

792. Por que não efetua a civilização,
imediatamente, todo o bem que pode-
ria produzir?

*"Porque os homens ainda não estão aptos
nem dispostos a alcançá-lo."*

(O Livro dos Espíritos)

---

37 DIANTE DO PROGRESSO

38 DIANTE DO DESTINO

39 DORES E JUSTIÇA

40 VÍCIOS E DELITOS

41 PASSADO E DOR

42 PROSSEGUIR SEMPRE

37
Diante do progresso

Embora os respeitáveis índices que atestam as valiosas conquistas do progresso científico, nos múltiplos campos de realizações, não te descures da ação evangélica nos cometimentos evolutivos a que te afervoras.

A Astronáutica sonha por atingir as estrelas e decifrar-lhes a grandeza; o Evangelho permanece cuidando do homem na Terra, elucidando-o quanto aos deveres que lhe cumpre realizar.

A Cibernética elabora técnicas para lançá-lo com segurança através das distâncias imensuráveis; o Evangelho luta, porém, para equilibrá-lo na sociedade na qual cresce espiritualmente.

A Ciência em geral tenta resolver os problemas que afligem a criatura, impelindo-a para fora; o Evangelho projeta-lhe claridade íntima, ajudando-a a romper as amarras que a fazem infeliz.

Os métodos científicos atam os seres às conjunturas da sua limitação; o Evangelho libera-os dos impedimentos que os retêm na retaguarda da evolução.

O tecnicismo procura amenizar as asperezas e as constrições que decorrem do mundo moderno; o Evangelho elucida quanto à razão dos sofrimentos e elimina os óbices que impedem o homem de avançar.

⚖

Ninguém como Jesus conseguiu, jamais, produzir tão elevados padrões de valorização do homem, sem as complexidades de que hoje se utilizam as criaturas, sem que logrem expressivo êxito.

Desfilaram ante Ele os mais diversos biótipos humanos e sociais, recebendo seguras diretrizes.

A todos dispensou a mesma solidariedade fraternal e moral, sem alarde, sem restrição.

Não se utilizando de qualquer tipo de prolixidade, ensinou a metodologia do amor que cobre a multidão dos pecados, mediante a vivência que se permitiu, amando indistintamente.

Da chamada *ralé* ergueu protótipos de nobreza, e da nobreza temporal levantou à culminância da dignidade real príncipes e doutos, mediante os mesmos recursos de ternura e sabedoria.

⚖

O progresso, para ser legítimo, não pode prescindir da elevação moral dos homens, que se haure no Evangelho, sempre atual.

As conquistas da inteligência, embora valiosas, sem a santificação dos sentimentos, conduzem ao desvario e à destruição.

Para serem autênticas, as aquisições humanas devem alicerçar-se nos valores éticos, sem os quais o conhecimento se converte em vapor tóxico que culmina por aniquilar quem o detém.

Estudo, pesquisa, sim, mas amor também.

Examinando a problemática da evolução, os Mensageiros encarregados da Codificação Espírita foram taxativos: "Espíritas! amai-vos, este o primeiro ensinamento; instruí-vos, este o segundo".

Nem o amor sem equilíbrio, arrebatamento que revela paixão e desconserto interior, nem a instrução intelectual sem o conteúdo de amor, a transformar-se em vapor alucinante de vaidades perniciosas quão destrutivas.

⚖

Sem o equilíbrio das duas asas, a ave não consegue voar, planando nas alturas.

Amor e conhecimento são as asas harmoniosas para o progresso do homem e dos povos, progresso que, não obstante as paixões nefastas ainda predominantes na natureza animal do homem, será possível alcançar.

Inexoravelmente, o homem avança, e sem apelação crescem as sociedades na direção da felicidade, porque é da Lei, que o Espírito jamais retrocede, progredindo sempre, e com ele a sociedade humana, representada pelas nações, evoluindo sem cessar.

38
Diante do destino

Falso o conceito sobre os que estão "fadados ao mal". Equivocado o ensino de que "a sorte é responsável pelo destino de cada homem".

Absurda a teoria em torno dos que devem, irremissivelmente, "sofrer desgraças".

Lamentável a ideia que impele o ser a "fazer o que deve fazer" na contingência do erro e da desdita.

Sem fundamento a asseveração da "fatalidade para o infortúnio".

O destino individual resulta dos atos de cada criatura. Por isso mesmo, a todo instante sofre injunções positivas e negativas que lhe alteram a planificação.

No determinismo das leis, há opções que decorrem do comportamento do Espírito em experiência evolutiva, dispondo e orientando sempre para as trilhas liberativas e felicitantes.

Ninguém, portanto, em desvalimento, atirado à irrefragável derrota.

Querer ou não querer, esforçar-se ou não pelo triunfo pessoal, depende de cada aprendiz da vida.

Açulado, perseguido por fatores inditosos, arrojado a situações perniciosas, mesmo assim o homem é responsável pela sua acomodação tácita ou pelo empenho de superação das injunções que devem funcionar como valiosas experiências para a fixação do dever nobre, do bem atuante nos painéis da sua mente encarnada.

Açodado por inspiração obsessiva ou compelido pela impulsividade malsã de companheiros aturdidos, a responsabilidade da decisão te pertence.

Não transfiras culpas, escudando-te no destino, ou no propelimento da natureza íntima, ou nos fatores circunstanciais...

Reencarnação é oportunidade de soerguimento e não de desaire ou queda.

Acumpliciamento com o mal é afinidade com ele.

Sintonia com o bem é sede de amor e ânsia de felicidade.

A ascensão ou a queda será decorrência do teu livre-arbítrio, desde que, em todo momento, o Senhor te faculta recursos excelentes com que podes discernir, optar e agir...

⚖

Em situação que te pareça aziaga, em vez da deserção do dever, da revolta precipitada, do desvario, recolhe sensatez, prudência, amadurecimento íntimo, modificando-te interiormente.

Lição é o prêmio da vida, como a experiência representa aquisição preciosa do esforço pessoal, intransferível.

De forma alguma desistas de lutar, de tentar em esforço de reabilitação, de repetir a tarefa até lograr a vitória.

Só há fatalidade para o bem, sendo as determinações de provação e expiação capítulos e ensaios redentores para os equivocados que se demoram nas experiências primárias da evolução.

Dores e justiça

Semelhantes a sementeira produtiva, imbatíveis, ei-los que retornam.

Sofrimentos que supunhas superados, dilacerando as fibras do Espírito; obstáculos imprevisíveis de que já esqueceras, causando receios injustificados; danos morais para os quais te acreditavas preparado, espezinhando tua fortaleza íntima; enfermidades contínuas cansando tuas disposições de otimismo; problemática financeira reduzindo possibilidades aquisitivas; angústias que dormiam anestesiadas, volvendo, imprevisíveis, ameaçadoras; debandada de amigos e afetos que foram adiante, deixando-te quando deles mais necessitavas...

E inumeráveis outras conjunturas afligentes, conspirando contra os teus esforços de progresso e ascensão.

Todavia, só assim progredirás, ascenderás.

O aguilhão é, por enquanto, o mais eficaz impulsionador para muitos Espíritos.

Clima de paz, conforto fácil e família ditosa geralmente criam problemas outros, que somente no grabato de aflições vigorosas podem ser considerados.

Não recalcitres, por isso, nem renteies com os desesperados, engrossando suas fileiras.

Isso também passará, como já transitaram no tempo e no espaço outras conjunturas e acontecimentos.

☙

Os que se supõem vitoriosos estão semeando o amanhã...

Não poucos deles, embora fartos, atiram-se, açulados pela monotonia que dizem sofrer, aos espetáculos fortes da leviandade que produz loucura, tentando emoções novas.

Correm atônitos ou desfilam fantasiados e iludidos, invejados, mas igualmente insaciados...

Refestelam-se na comodidade, todavia carregam outros problemas, que te não são peculiares, graças à posição em que te situas.

Agradeça a Deus a carga de penas que te sobrecarrega, no entanto, te proporciona benéficas reflexões, fazendo-te sonhar com o amanhã tranquilo.

Não penses exclusivamente em termos de atual reencarnação.

Reflete na dimensão da vida futura, a verdadeira, e promove os teus dias porvindouros, carpindo e resgatando as dores que te alcançam, provindas de qualquer procedência, certo de que a justiça da paz te encontrará, como já te atingiu a justiça para o resgate...

A libertação não precede a caminhada redentora.

Não te amofines, prosseguindo otimista, haja o que houver.

•

40
VÍCIOS E DELITOS

Condicionamentos passados, fortemente fixados nos tecidos sutis do Espírito, ressurgem como incontidas impulsões que se transformam em vigorosos senhores dos que lhes padecem a injunção.

Procedentes do pretérito espiritual, fazem-se dilaceração da alma desde cedo, quando o processo da reencarnação se consuma...

Constituem imperiosos tormentos que aparecem reiteradamente, dominam e destroem os seus êmulos.

Formam as paisagens lôbregas do mundo moral da criatura humana.

⚖

Tomam corpo em decorrência dos maus hábitos, estimulados pela insensatez, cultivados pela permissividade social.

Assumem aspecto inocente e se incorporam à personalidade, tornando-se uma *segunda natureza* que absorve os recursos superiores da vida, culminando por seviciar e vencer os que derrapam na sua inditosa direção.

⚖

Defluem de inspirações perniciosas de mentes desencarnadas, em processo insinuante de obsessão simples, que se converte em subjugação selvagem, mediante a qual os cômpares se sustentam e se estremunham, infelicitando-se reciprocamente em doloroso processo de longo curso em que se interdependem, amargurados.

Possuem uma gênese e uma gama diversa e complexa.

Todos decorrem do espírito dúbio e procedem da fraqueza interior dos que se acumpliciam em consórcio de dependência inditosa.

Florescem, pestilenciais, na alma, na mente e no corpo.

São paixões dissolventes que envenenam com tenacidade, em programática segura.

⚖

Seja sob qual aparência os descubras em ti, não lhes dês trégua.

A mentira inocente estimulada transforma-se, um dia, numa calúnia bem urdida.

Uma taça de licor singela, repetida, faz-se veículo de alcoolemia martirizante.

Um delíquio moral momentâneo, aceito com naturalidade, abre as portas da dignidade à corrupção.

⚖

Sê severo nos teus compromissos morais, nas tuas relações sociais, impondo-te elevação e austeridade.

Um descuido, uma concessão e se estabelecem os vínculos inditosos.

Morigeração e cuidado deves manter, mesmo que os outros se favoreçam com maior soma de liberdade, a fim de preservar-te das artimanhas dos vícios e delitos que trazes do ontem, que podes adquirir hoje e que estão fáceis por toda parte...

Sublimes realizações, tarefas nobilitantes que suportaram graves investidas do mal, homens e mulheres resolutos, que se ofereceram ao bem e ao dever, tombaram, inermes, ante os vapores dos *vícios sociais e delitos morais* aparentemente ingênuos que terminaram por vencer as decisões robustas em que fraquejaram...

Vigia e perscruta teus sentimentos.

Se descobrires tendências e inclinações não adies o combate nem te concedas pieguismo.

Luta e vence-os de uma vez, arrebentando os elos mantenedores da viciação e dos delitos, a fim de lograres o êxito que persegues, anelas e necessitas.

41
PASSADO E DOR

No passado espiritual de cada criatura se inscrevem as causas dos sofrimentos humanos. Enfermidades irreversíveis, problemas teratológicos, perturbações psíquicas de largo porte, limitações e mutilações físicas, degenerescências orgânicas e mentais, aberrações congênitas procedem do uso indevido e abuso do livre-arbítrio, quando de outras experiências evolutivas em reencarnações pregressas. É das Leis Divinas que ninguém pode abusar impunemente dos tesouros inalienáveis de que usufrui na condição de ser inteligente.

A realidade física impõe deveres para com os implementos orgânicos e as peças encarregadas das manifestações intelectuais, concedidas pela Divindade para a aquisição de sabedoria e felicidade para o Espírito em evolução.

Os desregramentos de qualquer expressão impõem necessidades reparadoras, que gravam nos recessos do Espírito as matrizes que organizarão as futuras engrenagens de que se utilizará a vida para realizar as suas altas finalidades.

Não obstante os problemas e as dores que traduzem necessidade urgente de reparação interior, é também da Lei que toda aquisição de ordem superior funcione como bênção, que faculta liberação carcerária no programa de resgate espiritual. Equivale a uma compensação de que se utilizam os benfeitores da Humanidade para minimizar as angústias e expiações necessárias aos calcetas, em razão da própria depuração.

As leis que regem o Universo são de amor, e o amor não implica conivência com os engodos e erros do ser amado, antes se estabelece mediante o impositivo da sua libertação e da sua ascensão para Deus.

⚖

Normalmente os que padecem determinadas constrições orgânicas e mentais, como expurgatórios abençoados, se tornam causas de dores angustiantes para pais, familiares e amigos. Ocorre que todo aquele que se encontra vinculado, direta ou indiretamente, aos que expungem, aí não está a expensas do acaso, na condição de vítima que sofre injustamente.

Não há equívocos no Estatuto Divino.

Antigos comparsas, sequazes de loucuras, êmulos e estímulos de desequilíbrios, fatores causais de suicídios chocantes e homicídios hediondos renascem no mesmo grupo genético, a fim de participarem do resgate das suas vítimas ou dos seus cômpares...

O mesmo ocorre em relação aos seres queridos que retornam à Vida espiritual de surpresa, deixando na retaguarda pais e amigos com a alma dilacerada...

Antigos suicidas, que volvem a cumprir período não resgatado, vinculam-se àqueles antigos amores que os levaram à alucinação autocida, deixando-os mergulhados na rude saudade, mortificados pela dor...

O presente, porém, é ensancha sublime que a todos compete aproveitar.

Enxuga o pranto, transforma a saudade em sinfonia de esperança, atende à enfermidade, conduze resignado a cruz dos padecimentos libertadores, confia e espera.

O amanhã será o teu dia de sol e de bem-aventuranças.

Não desfaleças ante as conjunturas aflitivas.

Desde que provéns do passado de erros e perturbações, edifica o teu porvir de venturas, amando, servindo e renunciando, desde agora, porquanto o bem é a única linguagem eterna a produzir incessantemente felicidade plena e sem jaça.

42
Prosseguir sempre

O desfalecimento na luta traduz, não raro, a fraqueza nos propósitos esposados. Quando essa ocorrência incide nos expressivos labores que objetivam os ideais de enobrecimento humano, com vistas à comunidade onde o trabalhador se acha situado, a atitude de desânimo se faz mais grave pelas implicações de que se reveste. Não apenas constitui fator dissolvente na coragem de todos, como se revela debilidade de convicção.

Quem se dispõe ao ministério da iluminação própria, alargando possibilidades em relação ao próximo, deve estar consciente de que o seu empreendimento é sacrificial, e todo esforço deve ser empregado sem as amplas aspirações de recompensa imediata, entendimento geral, aplauso público.

No serviço, deve-se descobrir a emulação para o desiderato, conscientizando-se cada vez mais do quanto deve ainda fazer, ao constatar insucesso no labor realizado.

Diante da agressividade que explode ameaçadora, indispensável redobrar a paciência; em face da deserção de colaboradores antes devotados, mais ampla fidelidade ao serviço; junto ao desespero coletivo, confiança inabalável; se grassam a maldade, o comentário ácido, a ingratidão mesquinha, o rigor dos fiscais da inutilidade, a sanha feroz dos perturbados em si mesmos pelas paixões mais vis, indubitavelmente são exigidas maiores somas de renúncia e fé, persistência e otimismo, porquanto, no solo sáfaro, são imprescindíveis mais adubo e irrigação para o êxito da sementeira, o mesmo ocorrendo nas paisagens inditosas dos Espíritos equivocados... Desfalecer, porém, na luta, nunca!

⚖

O êxito de uma engrenagem complexa depende da exatidão de cada peça.

A eloquência de um discurso decorre da colocação correta de cada palavra na elaboração do conceito harmonioso.

A musicalidade sinfônica pertence ao ajustamento de cada nota melódica.

O mesmo acontece de referência aos empreendimentos superiores a que te vinculas.

Momento a momento, ação a ação, esforço a esforço lograrás a meta, se prosseguires sempre, sem pressa, todavia sem desânimo.

Cada dissabor que experimentes sem descoroçoamento, na estrada do bem, é um êxito no entesouramento de bênçãos íntimas.

Toda dificuldade defrontada no desdobrar dos esforços torna-se um convite a mais eficiente reflexão para segura superação.

Aquele que desiste, vitimado pelo receio injustificado ou arrimado ao desânimo indesculpável, perde o excelente veículo da oportunidade que lhe propiciaria o triunfo sobre si mesmo, granjeando a felicidade pela farta sementeira do amor a assinalar-lhe o caminho vencido.

Aos sinais de cansaço, inquietação íntima, desânimo sorrateiro ou indiferença em plena atividade fraternal, resguarda-te na oração e cuida-te.

Inimigos embaraçosos que se exteriorizam de ti mesmo bloqueiam os centros de interesse, frenando os teus impulsos nobres, com iminente perigo de arrojar-te nas rampas da loucura.

Impõe-te vigilância e porfia.

Armado com a "couraça da fé" e os hábeis recursos da perseverança, da humildade e da caridade no coração, conseguirás readquirir a confiança e o otimismo, porquanto *"a fé remove montanhas"*, quando o amor luze n'alma e se prossegue no dever, conforme elucidou Jesus.

IX

LEI DE IGUALDADE

803. Perante Deus, são iguais todos os homens?

"Sim, todos tendem para o mesmo fim e Deus fez Suas Leis para todos. Dizeis frequentemente: 'O Sol luz para todos' e enunciais assim uma verdade maior e mais geral do que pensais."

806. É lei da natureza a desigualdade das condições sociais?

"Não; é obra do homem e não de Deus."

(O Livro dos Espíritos)

---

43 CRÍTICOS IMPIEDOSOS

44 JULGAMENTO ERRÔNEO

45 GLÓRIAS E INSUCESSOS

46 SOB DORES EXTENUANTES

47 DE ÂNIMO INQUEBRANTÁVEL

48 INGRATIDÃO

43
CRÍTICOS IMPIEDOSOS

ão te permitas a atribuição de avinagrar as horas de outrem mediante o ingrediente da crítica contumaz ou da censura incessante.

Há muitos críticos na Terra que apenas veem o que lhes apraz, conseguindo descobrir o humilde cascalho no leito de um rio de brilhantes preciosos.

Sua argúcia facilmente aponta erros, aguça detalhes negativos, embora insignificantes. São perfeccionistas em relação às tarefas alheias, combativos contra os companheiros de lide, nos quais sempre descobrem falhas, descoroçoando, facilmente, quando no lugar daqueles aos quais combatem.

São críticos, porém, incapazes de aceitar as apreciações que os desagradam.

Quando advertidos ou convidados ao diálogo franco, de que se dizem partidários, justificam os enganos e justificam-se, não admitindo admoestações ou corrigendas.

Há, sim, muitos desses críticos na Terra.

Ouve-os, mas não te detenhas nas suas apreciações.

Segue adiante e porfia sem desânimo.

Eles também passarão pelo crisol das observações alheias, nem sempre sensatas ou verdadeiras.

Sê tu aquele que ajuda com alegria em qualquer circunstância.

Mesmo que te agridam, ora por eles e não os ames menos.

Não tens o dever de agradá-los, é verdade, porém não os tenhas como inimigos.

Sem que o saibam ou porque insistam em ignorá-lo, necessitam de tua amizade pura e desinteressada.

Assistido por tais críticos impiedosos e por eles insistentemente perseguido; fiscalizado por tais defensores da verdade e por eles combatido; seguido a cada passo por frios e céticos reprochadores e por eles azorragado verbalmente, Jesus prosseguiu sereno, por saber que os doentes mais inditosos são os que se recusam a reconhecer a posição de enfermos, quando os "piores cegos são aqueles que não querem ver".

Buscando o *Reino dos Céus*, não contes com os enganosos aplausos da Terra, bendizendo os teus críticos, os fiscais insensíveis da tua conduta, que, sem quererem, te impelirão para Jesus, o fanal que desejas honestamente lograr.

44
JULGAMENTO

Por imprevidência permites que a mágoa se te assenhoreie do íntimo em face do triunfo de pessoas arbitrárias, ardilosas e desonestas.

Examina-lhes, superficialmente, as atitudes, e, como os vês alçados ao triunfo transitório do mundo, deixas-te consumir por insidioso despeito, senão por surda revolta, como se estivesses a tomar nas mãos as diretrizes da vida para agir conforme as aparências.

Crês que mereces mais do que eles, os insensatos e perversos que galopam sobre a fortuna e a glória, sem te dares conta de que as determinações divinas são sábias e jamais erram.

Ante os problemas que te surgem, comparas a tua com a existência de filhos ingratos que tudo recebem, de esposos infiéis que são bem-aceitos no grande mundo, de amigos desleais que, não obstante, vivem cercados pela bajulação dourada...

Não te agastes, porém, indevidamente.

Corrige a visão e muda a técnica de observação.

Cada Espírito é um ser com programação própria, fruto das suas realizações pessoais. Não se pode examiná-los e julgá-los em grupo. Aliás, ninguém pode com acerto total julgar o próximo...

Conveniente, por isso, fazeres a parte que te compete, na programática da vida e prosseguires sem desfalecimento, nem desaires...

⚖

Ontem estiveste aquinhoado com a mordomia de valores que desperdiçaste.

Já fruíste de afeições abnegadas que desconsideraste.

Passaram pela porta das tuas aspirações alegrias e bênçãos que malsinaste.

Por algum tempo sobre os teus ombros pesaram as cangas da governança e da responsabilidade, que arrojaste fora levianamente.

Amigos cantaram aos teus ouvidos as músicas da fraternidade e as transformaste em patéticas, após traições e infâmias.

Esvaziaste a ânfora da esperança, arrojando fora as concessões do bem...

Agora carpes, experimentas faltas, registras sofrimentos, anotas soledade...

Reformula conceitos, opiniões e arma-te de paciência e valor a fim de prosseguires otimista.

É sempre dia para quem acende a luz da fé no coração e usa o amor nas realizações a que se afervora.

Vens de experiências fracassadas e estás em tentativas de equilíbrio.

Não te desencantes.

Agora é a vez dos outros.

Fruem hoje o que possuíste ontem.

Ajuda-os a não caírem na alucinação que te venceu, orando por eles, não os invejando nem pensando mal a respeito deles.

Além disso, eles sabem como estão construindo a ilusão, os recursos de que se utilizam e isso lhes basta como punição gravada na consciência, de que não se conseguem libertar.

Sorriem em público e choram a sós.

Gozam em sociedade e reconhecem-se solitários.

Por penetrar no âmago das questões e no cerne das consciências, afirmou Jesus: *"Vós julgais segundo a carne, eu a ninguém julgo"*.

Faze a paz com todos e fruirás das messes da paz, não julgando, condenando ou perseguindo ninguém.

45
GLÓRIAS E INSUCESSOS

Pessoa alguma se encontra em clima de privilégio, enquanto na vilegiatura material.

Triunfos e galas, destaques e fortuna, saúde e lazer não significam concessões indébitas que alguém pode usufruir sem o ônus da responsabilidade.

Empréstimos superiores ensejam aquisições relevantes, de que nem sempre sabem utilizar-se os transitórios mordomos dos valores terrenos.

Teste para os portadores dos títulos e láureas, dos bens e moedas, são também exemplo da excelsa misericórdia, a fim de que todos se possam adestrar na movimentação dos recursos que levam à dita ou à alucinação, mediante o uso e a direção que cada um resolva dar às posses vulneráveis.

Isto porque, as alegrias e glórias facilmente se convertem em amargura e desaire, as moedas e títulos se consomem e desaparecem, a saúde e o lazer passam, enquanto a vida física se extingue...

Somente perdura o que se fez das posses, quanto se armazenou em bênçãos, tudo que se dividiu em nome do amor, multiplicando esperança e paz...

Ninguém, que esteja em estado de desgraça, enquanto transitando nas roupagens carnais.

Soledade, pobreza, doença, limitação, esquecimento constituem provas redentoras de que se utilizam os excelsos mentores encarregados da programática reencarnatória, para a educação, a ascensão e a felicidade dos que tombaram nos fossos da loucura e da criminalidade, quando no uso das disponibilidades que lhes abundavam no passado...

Desgraça real é sempre o mal que se faz, nunca o que se recebe. Insucesso social, prejuízo econômico, fatalidade são terapêuticas enérgicas da vida para a erradicação dos cânceres morais existentes em metástase cruel nos *tecidos* do Espírito imortal.

Nesse sentido, a soledade se enriquece de presenças, a enfermidade passa, o abandono desaparece, a limitação se acaba, a pobreza cede lugar à abundância e, mesmo ocorrendo a morte, a vida espera, em triunfo, após a cessação dos movimentos do corpo.

⚖

Êxitos e desditas à luz do Evangelho se apresentam comumente em sentido oposto à interpretação imediatista dos conceitos humanos.

Na manjedoura, entre pecadores, no trabalho humilde, convivendo com os deserdados, reptado e perseguido pela argúcia dos vencedores terrenos, largado numa cruz, Jesus é o símbolo do triunfo real sobre tudo e todos, em imperecível lição que ninguém pode deslustrar ou desconhecer.

Toma-O por modelo e não te perturbes nunca!

Nas glórias ou nos insucessos guarda-te na paz interior e persevera no amor, seguindo a rota do Bem inalterável.

46
SOB DORES EXTENUANTES

Sobraçando dores e aturdido no báratro das interrogações sem respostas imediatas, exaures-te sem consolo, em face das sucessivas desilusões e amarguras.

Tens a impressão de que desmoronaram os teus castelos de esperança como se fossem de névoa brilhante diluída pela ardência do áspero sol do desespero.

Todavia, não obstante o acúmulo dos sofrimentos que te gastam, esmagando os teus anelos, quais aríetes da impiedade que destrói, dispões da confiança em Deus e não deves desistir da luta.

Todas as lágrimas procedem de razões justas, embora não alcances prontamente as suas nascentes.

Reconforta-te na decisão das atitudes sãs a que te entregas e não permitas que as leviandades dos fracos e irresponsáveis tisnem de sombras os claros céus do teu porvir.

Faze a tua parte ajudando, sem, contudo, colocares sobre os ombros o fardo da responsabilidade que te não compete.

Ninguém se poupa às dores, inevitáveis, na senda evolutiva. Não é justo, porém, permitir que elas esmaguem ou anulem os objetivos relevantes da tua promissora e produtiva reencarnação...

Joanna de Ângelis • Divaldo Franco

※

Muitos dizem que a morte deverá ser o fim dos padecimentos.

Sabes que não é assim.

Outros asseveram que morrer é consumir-se no caos.

Estás informado que a referência não é correta.

Cada vida tem a suceder a desencarnação, decorrente dos hábitos a que se afervore.

Para o Além, consequentemente, são transferidos os anseios e os sorrisos, os segredos que se revelam e os enigmas que se decifram, as conquistas que se fixam com bênçãos e os desaires que se convertem em canga e carga de espinhos.

Resolve aqui, quanto antes, logo surja a oportunidade, os problemas e as complicações.

Não te ensejes, no entanto, quedas ou desesperos em razão de ti mesmo ou daqueles a quem amas.

Cada ser responde pelos próprios atos, hoje ou mais tarde.

Tens a luz da fé, que brilha à frente. Preserva-a e insculpe-a no cérebro, clareando o coração.

Segue adiante, mesmo que sobraçando tantas dores, estejas a ponto de parar, de desistir ou de tombar.

※

Coroado de espinhos, ferido por uma lança e atendido na sede por uma esponja vinagrosa, carregando n'alma a ingratidão e o olvido dos amigos, sob um céu plúmbeo que ameaçava tempestade, Jesus não parecia um triunfador, confundido com dois bandoleiros que completavam a cena trágica do Calvário... Todavia, era o Incomparável Filho de Deus no supremo abandono dos homens, mas em superlativa glória com a Divindade, por cujo testemunho atingia o ápice do Seu ministério de amor entre as criaturas.

Pensa nisso, alma sofredora, e não desfaleças.

Dor é bênção libertadora, pela qual se rompem os encantamentos da ilusão e da fatuidade, dando ensejo à imarcescível conquista dos inalienáveis tesouros do Espírito eterno, ditoso após a luta redentora.

47
DE ÂNIMO INQUEBRANTÁVEL

Em teu compromisso pessoal de renovação contínua com Jesus, precata-te contra os fatores circunstanciais, sutis e perigosos que se te insinuam, transformando-se, posteriormente, em teus algozes impiedosos.

O ácido da ingratidão, o fel da amargura demorada, o vinagre da revolta constante, a truculência da rebeldia, a sombra da dúvida, a lâmina da maledicência, o veneno da ira, o azinhavre da preguiça e todo um cortejo que lentamente penetra e domina as engrenagens do teu labor, emperram a máquina das tuas aspirações, sitiando-te no canto escuro do ceticismo ou no poço fundo da soledade.

Em lugar deles deixa que se te instalem o labor exaustivo pelo bem, o aroma da esperança nas ações, o óleo do otimismo nas peças enferrujadas pela decepção, a chama da alegria em toda atividade, a presença da tolerância na luta, o amplexo da fraternidade autêntica junto aos demais, a paz da paciência e o tempero do bom humor, de forma estimulante para os momentos azados em que os problemas ameacem consumir-te.

Não faltam os que conspiram contra a paz nos arraiais do nosso bom viver.

Pululam, entretanto, também, os estímulos da santificação quando nos voltamos para as esferas da luz.

Fitando o Sol e deixando-te por ele deslumbrar, é natural que nem sempre te detenhas no solo e os teus pés sejam feridos, agredidos pela urze e pelo pedrouço que terás que calcar. Não obstante, ao atingires o planalto que te deslumbra, à frente, donde poderás vislumbrar os horizontes sem-fim da plenitude da vida, serão de somenos importância os óbices vencidos, que ficaram para trás, os problemas superados que deixaste à margem.

Cada alma, porém, segue até onde pode. Não sejas daqueles que coletam mágoas, que desertam, que desconfiam, que ruminam desesperos íntimos, que modificam a estrutura de fatos ao prazer do desequilíbrio interior...

Filho da luz divina, marchando na direção do Pai, deixa as bagas de amor como gotas de orvalho e de carinho pelos caminhos percorridos, porque o homem será sempre, hoje ou mais tarde, o que se faça de si mesmo.

Forte, deverás vencer as paixões; fraco, deverás fortalecer-te em Cristo para a vitória de ti mesmo.

E entregando-te em clima de total confiança em Deus, triunfarás, porque tal é a meta que a todos nós está destinada.

48
INGRATIDÃO

Muito raro nos corações, por enquanto, o sentimento da gratidão.

O semblante afável, a voz melodiosa, a atitude gentil no ato da solicitação do auxílio, quase sempre se convertem em sisudez, verbetes duros, gestos bruscos no momento de retribuir.

Gratidão prescreve altruísmo, amplitude de espírito, riqueza de emoções. Como o egoísmo prossegue triunfante, em grande número de pessoas, essas, mesmo quando sentem as expressões do reconhecimento repontarem no imo, se asfixiam, vencidas por controvertidos estados íntimos.

Algumas alegam que não sabem retribuir, que se constrangem, sentem receio, avergonham-se... E olvidam que é sempre mais feliz aquele que dá, felicitando-se, também, quem retribui sentimentos, gestos ou palavras.

Retribuir com ternura, com expressões de afeto, com gestos de simpatia fraternal em testemunhos de solidariedade constitui formas de gratidão no seu sentido nobre.

Não apenas por meio de moedas, objetos, utensílios deve ser a preocupação dos que se beneficiaram junto a alguém, buscando exteriorizar ou traduzir a gratidão de que se sentem possuídos.

⚖

Sê tu quem doa reconhecimento, quem resgata a dívida da gratidão pela fidelidade, afeição e respeito a quem te foi ou te é útil.

Nunca te esqueças do bem que recebeste, embora se modifiquem os quadros da vida em relação a ti ou a quem te beneficiou.

⚖

Se alguém te retribui com a ingratidão o bem que doaste, exulta. É sempre melhor receber a ingratidão do que exercê-la em relação ao próximo.

Se ofertaste carinho e bondade, sustentando a alegria nos corações alheios e te retribuem com azedume ou indiferença, alegra-te. O ingrato é alguém que enlouquece a longo prazo.

Se te sentes tentado à decepção, porque o bem que fazes se demora sem a resposta dos que o fruem, rejubila-te. A árvore não se nega a doar aos malfeitores do caminho novos frutos, após ser apedrejada por eles.

Não te constitua modelo aquele que delinque pela ingratidão ou te esquece o benefício vencido pela soberba.

O bem que faças é bem em triunfo no teu coração. Receber o retributo seria diminuir a significação do que realizaste.

Bendize, assim, os ingratos e ora por eles, porquanto estão em piores condições do que supões e se puderes, ajuda-os mais, pois a felicidade é sempre maior naquele que cultiva o amor e a misericórdia, jamais em quem recebe e esquece, beneficia-se e despreza o benfeitor.

X

DA LEI DE LIBERDADE

825. Haverá no mundo posições em que o homem possa jactar-se de gozar de absoluta liberdade?

"Não, porque todos precisais uns dos outros, assim os pequenos como os grandes."

843. Tem o homem o livre-arbítrio de seus atos?

"Pois que tem a liberdade de pensar, tem igualmente a de obrar. Sem o livre-arbítrio, o homem seria máquina."

(O Livro dos Espíritos)

---

49 DIREITO DE LIBERDADE

50 O BEM, SEMPRE

51 SEGURANÇA ÍNTIMA

52 ERRO E QUEDA

53 NA ESFERA DOS SONHOS

54 EXIGÊNCIA DA FÉ

49
Direito de Liberdade

Intrinsecamente livre, criado para a vida feliz, o homem traz, no entanto, ínsitos na própria consciência, os limites da sua liberdade.

Jamais devendo constituir tropeço na senda por onde avança o seu próximo, é-lhe vedada a exploração de outras vidas sob qualquer argumentação, das quais subtraia o direito de liberdade.

Sem dúvida, centenas de milhões de seres transitam pela infância espiritual, na Terra, sem as condições básicas para o autodiscernimento e a própria condução. Apesar disso, a ninguém é lícito aproveitar-se da circunstância, a fim de coagir e submeter os que seguem na retaguarda do progresso, antes competindo aos melhor dotados e mais avançados distender-lhes as mãos, em generosa oferenda de auxílio com que os educarão, preparando-os para o avanço e o crescimento.

Liberdade legítima decorre da legítima responsabilidade, não podendo aquela triunfar sem esta.

A responsabilidade resulta do amadurecimento pessoal em torno dos deveres morais e sociais, que são a questão matriz fomentadora dos lídimos direitos humanos.

Pela lei natural todos os seres possuímos direitos, que, todavia, não escusam a ninguém dos respectivos contributos que decorrem do seu uso.

A toda criatura é concedida a liberdade de pensar, falar e agir, desde que essa concessão subentenda o respeito aos direitos semelhantes do próximo.

Desde que o uso da faculdade livre engendre sofrimento e coerção para outrem, incide-se em crime passível de cerceamento daquele direito, seja por parte das leis humanas, sem dúvida nenhuma por meio da Justiça Divina.

Graças a isso, o limite da liberdade encontra-se inscrito na consciência de cada pessoa, que gera para si mesma o cárcere de sombra e dor, a prisão sem barras em que expungirá mais tarde, mediante o impositivo da reencarnação, ou as asas de luz para a perene harmonia.

☪

A liberdade é a grande saga dos povos, das nações, da Humanidade que luta através dos milênios contra a usurpação, a violência, a hegemonia da força dominadora, sucumbindo, sempre, nessas batalhas os valores éticos, vencidos pelo caos da brutalidade.

Livre o homem se tornará, somente, após romper as férreas algemas que o agrilhoam aos fortins das paixões.

A sua luta deve partir de dentro, vencendo-se, de modo a, pacificando-se interiormente, usufruir dessa liberdade real que nenhuma grilheta ou presídio algum pode limitar ou coibir.

Enquanto, porém, arrojar-se à luta sistemática de opinião de classe, de grei, de comunidade, de fé, de nação, estimulará a desordem e a escravidão do vencido.

Todo vencedor guerreiro, porém, é servo de quem lhe padece às mãos, qual ocorre com os guardiães de presidiários, que se fazem, também, presos vigiando encarcerados.

⚖

Prega e vive o amor conforme o ensinou Jesus.

Ensina e usa a verdade em torno da vida em triunfo, de que está referto o Evangelho, a fim de seres livre.

Atém-te aos deveres que te ensinam engrandecimento e serviço ao próximo.

O trabalho pelos que sofrem limites e tumultos ensinar-te-á autoconhecimento, favorecendo-te com o júbilo de viver e a liberdade de amar.

Na violência trágica do Gólgota não vemos um vencido queixando-se, esbravejando impropérios e explodindo em revolta. Sua suprema sujeição e Seu grandioso padecimento sob o flagício da loucura dos perseguidores gratuitos atingem o clímax no brado de perdão a todos: ingratos, cruéis, insanos, em insuperável ensinamento sobre a liberdade de pensar, falar e agir com a sublime consciência responsável pelo dever cumprido.

50
O BEM, SEMPRE

O bem que deixes de fazer, podendo fazê-lo, é um grande mal que fazes.

Quando convidado a informar sobre alguém, referes-te ao seu lado positivo, dando oportunidade ao outro para renovar as suas paisagens íntimas infelizes, sem o constrangimento de saber que os demais estão inteirados das suas dificuldades.

Se alguém agir mal em referência a ti, inutilmente passarás o acontecimento adiante.

Muito ajuda aquele que não divulga as mazelas do próximo.

Hábito salutar se deve impor o cristão para o feliz desiderato, na comunidade em que realiza as suas experiências evolutivas: policiar a palavra.

Infelizmente, a invigilância em relação ao verbo tem sido responsável por muitos dissabores e conflitos que não se justificam. Aliás, coisa alguma constitui desculpa honesta para contendas e perturbações.

A civilização e a cultura, engendrando os valores éticos da educação, constituem eficientes recursos para que o homem se liberte das paixões inferiores que geram desforços, agressões, pelejas, através dos quais resvala, inexoravelmente, de retorno às expressões primitivas, que já deveria haver superado.

Toda interpelação agressiva, qualquer verbete ferino, cada reação violenta constituem ingrediente para a combustão do ódio e a semeação nefasta da amargura.

Útil quão urgente o esforço pela preservação da paz íntima, mesmo quando concitado ao desvario ou diretamente chamado ao desforço pessoal.

Dos hábitos mentais – suspeita, ciúme, inveja, animosidade, fixação –, como dos condicionamentos superiores pelo exercício do pensamento – reflexão, prece, humildade, autoexame – decorrem as atitudes, quando se é surpreendido pela antipatia espontânea de alguém, em si mesmo inditoso.

Reagirás sempre, conforme cultives o pensamento.

Falarás e agirás conforme as aquisições que armazenares nos depósitos mentais, através das ocorrências do cotidiano.

Assim, atenta, quanto possível, para os valores dignificantes do teu próximo, exercitando-te nas visões relevantes e contribuirás com expressivos recursos em favor da economia de uma Terra feliz, à qual aspiras na vivência contínua do bem sempre.

51
SEGURANÇA ÍNTIMA

Embora atingido pela aleivosa insinuação da inveja, não te deixes arrastar à inquietação.

Não obstante a urdidura da maledicência tentando envolver-te em suas malhas, não te perturbes com a sua insídia.

Mesmo que te percebas incompreendido, quando não caluniado pelos frívolos e despeitados, não te aflijas.

Segurança interior deve ser a tua força de equilíbrio, a resistência dos teus propósitos.

Quem é fiel a um ideal dignificante não consegue isentar-se da animosidade gratuita, que grassa soberana, e nem sequer logra permanecer inatacável pela pertinácia da incúria...

Somente os inúteis poderiam acreditar-se não agredidos.

O bom operário, todavia, quando na desincumbência dos deveres, experimenta as agressões de todo porte, com que os cômodos e insatisfeitos pretendem desanimá-lo.

De forma alguma concedas acesso à irritação ou à informação malsã na tua esfera de atividades.

Quando te sentires compreendido, laureado pelos sorrisos e beneplácitos humanos, quiçá estejas atendendo aos interesses do mundo, contudo não te encontrarás em conduta correta em relação aos compromissos com Jesus.

Quem serve ao mundo e a ele se submete certamente não dispõe de tempo para os deveres relevantes, em relação ao Espírito. A recíproca, no caso, é verdadeira.

Não te eximirás, portanto, à calúnia, à difamação, às artimanhas dos famanazes da irresponsabilidade, exceto se estiveres de acordo com eles.

Não produzem e sentem-se atingidos por aqueles que realizam, assim desgastando-se e partindo para a agressividade, com as armas que lhes são afins.

Compreende-os, malgrado não te concedas sintonizar com eles nas faixas psíquicas em que atuam.

Não reajas nem os aceites.

Suas farpas não devem atingir-te.

Eles estão contra tudo. Afinal, estão contra eles mesmos, por padecerem de atrofia dos sentimentos e enregelamento da razão.

Segurança íntima é fruto de uma consciência tranquila, que decorre do dever retamente cumprido, mediante um comportamento vazado nas lições que haures na Doutrina de libertação espiritual que é o Espiritismo.

Assim, não te submetas nem te condiciones às injunções de homens ou entidades, se pretendes servir ao Senhor...

Toda sujeição aos transitórios impositivos das paixões humanas, em nome do ideal de vida espiritual, se transforma em escravidão com lamentável desrespeito aos compromissos reais assumidos em relação ao Senhor.

Recorda-te d'Ele, crucificado, desprezado, odiado por não se submeter aos impositivos da mentira e das vacuidades humanas, todavia, triunfante sempre pela Sua fidelidade ao Pai.

52
Erro e queda

"Não erreis, meus amados irmãos."
(Tiago, 1: 16)

O salutar conselho do apóstolo Tiago continua muito oportuno e de grande atualidade para os cristãos de hoje.

Erro – compromisso negativo, amarra ao passado.

Ao erro cometido impõe-se sempre a necessidade de reparação.

Quem conhece Jesus não se pode permitir o desculpismo constante, irresponsável, que domina um sem-número de pessoas.

Por toda parte se apresentam os que mentem e traem, enganam e dilapidam, usurpam e negligenciam, exploram e envilecem, aplaudidos uns, homenageados outros, constituindo o perfeito clã dos iludidos em si mesmos. Sem embargo, o mal que fazem ao próximo prejudica-os, porquanto não se furtarão a fazer a paz com a consciência, agora ou depois.

Anestesiados os centros do discernimento e da razão, hoje ou amanhã as conjunturas de que ninguém se consegue eximir impor-lhes-ão reexame de atitudes e de realizações, gerando neles o impositivo do despertamento para as superiores conceituações sobre a vida.

Enquanto se erra, muitas vezes se diz crer na honestidade e valia da ação, como a ocultar-se em ideais ou objetivos que têm aparência elevada e honesta. Todavia, todo homem, à exceção dos que transitam nas faixas mais primitivas da evolução ou dos que padecem distúrbios psíquicos, tem a noção exata do que lhe constitui bem e mal, do que lhe compete, ou não, realizar.

Dormem nos recessos íntimos do ser e despertam no momento próprio as inabordáveis expressões da presença divina, que se transformam em impulsos generosos, sentimentos de amor e fé, aspirações de beleza e ideal nobre, que não se podem esmagar ou usar indevidamente sem a correspondente consequência, que passa a constituir problemas e dificuldade na economia moral-espiritual do mau usuário.

⚖

Refere-se, porém, especificamente, o apóstolo austero do Cristo, aos erros que o homem pratica em relação à concupiscência e à desconsideração para com o santuário das funções genésicas.

O Espírito é sempre livre para escolher a melhor forma de evolução. Não fugirá, porém, aos escolhos ou aos alcatifados que lhe apraz colocar pela senda em que jornadeia.

Em razão disso, a advertência merece ser meditada nos dias em que, diminuindo as expressões de fidelidade e renúncia, se elaboram fórmulas apressadas para as justificativas e as conivências com a falência dos valores morais, que engodam os menos avisados.

Os seus fâmulos creem-se progressistas e tornam-se concordes para fruírem mais, iludindo-se quanto ao que chamam evolução da ética.

⚖

Não te justifiques os erros.

Se possível, evita errar.

Desculpa os caídos e ajuda-os, mas luta por manter-te de pé.

Ao corroborar a necessidade imperiosa da preservação moral do aprendiz do Evangelho, adverte Paulo, na sua Primeira Epístola aos Coríntios, conforme se lê no capítulo dez, versículo doze: *"Aquele, pois, que cuida estar em pé, olhe, não caia".*

Perfeitamente concorde com a lição de Tiago, os dois ensinamentos são inadiável concitamento à resistência contra as tentações.

A tentação representa uma avaliação em torno das conquistas do equilíbrio por parte de quem busca o melhor, na trilha do aperfeiçoamento próprio.

Assim, policia-te, não caindo nem fazendo outrem cair.

Pensamento otimista e sadio, palavra esclarecedora, sem a pimenta da malícia ou da censura e atitudes bem definidas no compromisso superior aceito, ser-te-ão abençoadas forças mentais e escoras morais, impedindo-te que erres ou que caias.

50
Na esfera dos sonhos

Os interesses recalcados, as aspirações frustradas, os tormentos íntimos, complexos, malconduzidos dormem, temporariamente, no inconsciente do homem e assomam quando emoções de qualquer porte fazem-no desbordar, facultando o predomínio de conflitos em formas perturbadoras, gerando neuroses que se incorporam à personalidade, inquietando-a.

Da mesma forma, os ideais de enobrecimento, os anelos de beleza, o hábito das emoções elevadas, a mentalização de planos superiores, as aquisições e lutas humanistas repousam nos departamentos da subconsciência, acordando, frequentemente, e produzindo euforia, emulações no homem, ajudando-o no seu programa de paz interior e de realizações externas.

O homem é sempre aquilo que armazena consciente ou inconscientemente nos complexos mecanismos da mente.

Quando se dá o parcial desprendimento da alma por meio do sono natural, açodado pelos desejos e paixões que erguem ou envilecem, liberam-se as *memórias* arquivadas que o assaltam, em formas variadas de sonhos nos quais se vê envolvido.

Permanecem nesse capítulo os estados oníricos da catalogação freudiana, em que as fixações de ordem sexual assumem expressões de realidade, dominando os múltiplos setores psíquicos da personalidade.

Além deles, há os que decorrem dos fenômenos digestivos, das intoxicações de múltipla ordem por consequência dos estados alucinatórios momentâneos que produzem.

Concomitantemente, em decorrência do cultivo de ideias deprimentes ou das otimistas, a alma em liberdade relativa sente-se atraída pelos locais que lhe são inacessíveis, enquanto na lucidez corpórea, e, fortemente arrastada por esse anseio de realização, desloca-se do envoltório físico e visita aqueles lugares com os quais se compraz e onde se sente feliz. Disso decorrem encontros agradáveis ou desditosos em que adquire informes sobre ocorrências futuras, esclarecimentos valiosos, ou, conforme o campo de interesse que cada qual prefira, experimenta as sensações animalizantes, frui, em agonia, as taças vinagrosas dos desejos inconfessáveis, continuando o comércio psíquico com Entidades vulgares, perversas ou irresponsáveis que se lhe vinculam ao pensamento, dando origem a longos e rudes processos obsessivos de curso demorado e de difícil liberação.

⚖

Nos estados de desprendimento pelo sono natural, a alma pode recordar o seu pretérito e tomar conhecimento do seu futuro, fixando essas impressões que assumem a forma de sonhos nos quais as reminiscências do ontem, nem sempre claras, produzem singulares emoções. Outrossim, a visão do porvir, as revelações que haure no intercâmbio com os desencarnados manifestam-se como positivos sonhos premonitórios de ocorrência cotidiana.

Quanto mais depurada a alma, possibilidades mais amplas depara, sucedendo, no sentido inverso, seu embrutecimento e materialização, os desagradáveis e perturbadores sucessos na esfera dos sonhos.

☪

Multiplicam-se e perpassam em todas as direções ondas mentais, que percorrem distâncias imensas, sintonizando com outras que lhes são afins e que buscam intercâmbio.

Em decorrência, pouco importa o espaço físico que separa os homens, desde que estes intercambiam mentalmente na faixa das aspirações, interesses e gostos que os caracterizam e associam...

Quando dorme o corpo, não adormece o Espírito, exceto quando profundas hebetações e anestesiamentos íntimos lhe perturbam os centros da lucidez.

Automática e inconscientemente, libera-se do corpo e arroja-se aos recintos que o agradam, por que anseia e de que supõe necessitar...

Quando, porém, se exercita nos programas renovadores e preserva os relevantes fatores da dignificação humana, sutilizam-se as suas vibrações, sintonizando nas ondas que o erguem às Esferas da Paz e da Esperança, onde os Seres ditosos, encarregados dos labores excelentes dos homens, facultam que se mantenham diálogos, recebendo recursos terapêuticos e lições que se incorporam à individualidade, indelevelmente...

Nas esferas dos sonhos – nos Círculos espirituais elevados ou nos tormentosos, conforme a preferência individual – engendram-se muitas, incontáveis programações para o futuro humano, nascendo ali ou se corporificando, quando já existentes, os eloquentes capítulos das vidas em santificação, como as tragédias, os vandalismos, as desditas inomináveis...

⚖

Vive no corpo físico considerando a possibilidade da desencarnação sem aviso prévio.

Cada noite em que adormeces, experimentas um fenômeno consentâneo ao da morte.

Dormir é *morrer* momentaneamente. Desse sono logo retornas, porque não se te desatam os liames que fixam o Espírito ao corpo.

Podes, porém, pelas ocorrências que experimentas na esfera dos sonhos, ter uma ideia do que te sucederá nos Círculos da Vida, após o desenlace definitivo.

Por tal imperativo, aprimora-te, eleva-te, supera-te, mediante o exercício dos pensamentos salutares e das realizações edificantes.

Não apenas fruirás de paz por decorrência da consciência reta, como te prepararás para a vida real; porquanto, examinada do ângulo imortalista, o homem, na Terra, encontra-se numa esfera de sonhos, que normalmente transforma, por invigilância ou rebeldia, em desditoso pesadelo.

54
Exigência da fé

Permitir-se a fé – um ato de coragem.

Abandonar vícios e imperfeições – atitude estoica perante a vida.

Superar impedimentos da própria leviandade – esforço hercúleo de elevação.

Facultar-se consciência do dever – maioridade espiritual.

⚖

O ato de crer implica, inevitavelmente, o dever de transformar-se, abdicando dos velhos hábitos para impor-se disposições impostergáveis na tarefa da edificação interior.

A comodidade da negação, a permanência da indiferença, a prosaica atitude de observador contumaz encontram, na fé religiosa, o seu mais temível adversário, porquanto esta impele o homem a modificações radicais, arrancando-o da inércia em que se compraz para a dinâmica relevante que conduz à felicidade real.

Luta-se contra a crença quanto às realidades da vida indestrutível pela morte e, todavia, ei-la inata no Espírito humano. Essa reação, porém, muitos a justificam no utilitarismo de que se servem, no parasitismo emocional em que se acomodaram e preferem, inconsequentes... No entanto, mais do que pela falta de "razões" e de "fatos" sobre a supervivência, que os negadores, alegam, não dispõem, isto sim, da coragem para recomeçar em bases novas, "abandonar tudo", renunciar-se e seguir adiante, cobrindo as pegadas deixadas por Jesus.

⚖

Impõe-te valentia para desfazer-te do "homem velho" e referta-te com os estímulos da fé, ressarcindo dívidas, remotas e próximas, contribuindo, assim, para o mundo melhor do futuro, mediante a tua própria melhora.

Refletindo nas lições do Evangelho, compreenderás o imperioso convite da fé, e, experimentando as atitudes espíritas, mediante o intercâmbio dos habitantes dos "dois mundos", o espiritual e o material, perceberás o porquê da urgência de incorporar-te à falange dos que creem e lutam, dos que amam e servem, dos que, morrendo, nascem para a vida verdadeira e ditosa...

Além de libertar-te das fúteis querelas e exibições que ocorrem no picadeiro do corpo físico, a fé te concederá visão reconfortante e plenitude em todos os teus dias.

Valoroso, mantém-te confiante nos postulados evangélicos e permite-te, sem titubeios, a fé, com a resolução de quem está disposto a pelejar infatigável até a vitória final com Jesus.

XI

DA LEI DE JUSTIÇA, DE AMOR E DE CARIDADE

875. Como se pode definir a justiça?

"A justiça consiste em cada um respeitar os direitos dos demais."

886. Qual o verdadeiro sentido da palavra caridade, como a entendia Jesus?

"Benevolência para com todos, indulgência para as imperfeições dos outros, perdão das ofensas."

(O Livro dos Espíritos)

---

55 ANTE O AMOR

56 DESARMAMENTO ÍNTIMO

57 CARIDADE PARA COM OS ADVERSÁRIOS

58 CONFIANÇA E AMOR

59 AUXÍLIO A SOFREDORES

60 TERAPÊUTICA DO AMOR

55
Ante o amor

Quando te encontres semivencido pelos problemas que comumente assaltam o homem na trilha da evolução, já experimentando o ressaibo da amargura e do desencanto, ou quando, à borda do resvaladouro, na direção do crime e da alucinação, antes da decisão aconselhada pela ira ou pela violência, pergunta ao amor a trilha que deves tomar e o amor te responderá com sabedoria como prosseguires, não obstante o céu nublado e os caminhos refertos pela perplexidade e pelo pavor.

Talvez não consigas alcançar imediatamente a meta da paz que persegues nem a logres em caráter mediato-próximo.

No entanto, não desfaleças na tentativa.

O amor te falará em mansuetude e brandura, paz e esperança.

Todo esse conjunto de valores te exigirá grande esforço e aguardarás tempo, a fim de que se materialize, modificando o contingente das realizações habituais.

Apesar da aspereza que a decisão amorosa te exigirá, fruirás desde o início da decisão uma tranquilidade que decorre da consciência liberada das amarras infelizes do personalismo enfermiço quanto do egoísmo perturbador.

No amor – causa primeira de todas as coisas, porquanto a Criação é um ato de amor – iniciam-se e findam todas as ambições, encontrando-se respostas para todas as situações da problemática moral e humana.

Ante o amor, a dificuldade torna-se desafio,
a dor faz-se teste,
a enfermidade constitui resgate,
a luta se converte em experiência,
a ingratidão ensina,
a renúncia liberta,
a solidão prepara
e o sacrifício santifica...

Naturalmente, o amor impõe necessidades e valores retributivos, quiçá desconhecidos no momento da doação.

Quando, porém, alguém recebe o magnetismo do amor, sem que o perceba, vitaliza-se, acalma-se, renova-se e ama. Nem sempre devolve àquele que lhe doa a força do amor, não obstante retribui a dádiva, esparzindo-a e dirigindo-a a outrem. E isso é o mais importante.

Talvez seja necessário que o teu amor atinja o martírio para alcançar o fim a que se destina. Entretanto, se te negas à doação total, eis que não amas, verdadeiramente, apenas impões transitório capricho que desejas receber transformado num amor que te irrigue e sustente, sem que o mereças, porém.

Desse modo, recorda Jesus, em qualquer circunstância ou posição em que te encontres, e, à semelhança d'Ele, consulta e responde com amor, não fazendo ao teu próximo o que não gostarias que este te fizesse.

O amor tudo resolve. Experimenta-o desde agora.

56
DESARMAMENTO ÍNTIMO

claras que reagiste com ira descontrolada porque já aguardavas a agressão do outro.

Explicas que, informado das ciladas que estavam armadas contra ti, não tiveste tempo de refletir, desferindo, então, o primeiro golpe.

Justificas que, ferido mil vezes pela impetuosidade dos desequilíbrios que desgovernam a Terra, foste forçado à decisão infeliz.

Conjecturas que, em verdade, poderias ter sido mais brando. No entanto, saturado pela recidiva dos problemas afligentes, não tiveste outra alternativa, senão a do gesto tresloucado.

Informas que, a fim de não seres esmagado pelas circunstâncias, preferiste tomar a dianteira, na ação indébita.

De fato, como constatas, embora sob justificativas não justificáveis, estás armado intimamente contra os outros.

Feres, pensando assim evitar a tentativa do outro.

Acossas, na suposição de que te poupas à perturbação nefasta do outro.

Esmagas, considerando ser a forma eficaz de poupar-te à sanha do outro que se compraz em afligir e malsinar.

Todavia, convenhamos, o outro é o teu irmão.

Violento, inditoso, agressivo, vingador, porque, infelizmente, não tem encontrado entendimento e ajuda, fraternidade e afeição...

Tu que és amigo do Cristo, que tens dado à família sofrida da Terra, aos desorientados do caminho, em nome d'Ele?

⚖

Desarma-te interiormente e agirás melhor.

Agridem-te porque também agrides, se a oportunidade é tua.

Magoam-te porquanto farias o mesmo, fosse teu o ensejo propício.

Somente modificarás as tristes paisagens morais do Orbe se exteriorizares pacificação e beleza, ternura e confiança que deves manter gravadas nos recessos do Espírito.

Não sejas tu, sob motivo algum, o violador, o agente do mal.

Propõe-te à harmonia e dá oportunidade ao teu irmão, mesmo que sejas convidado a pagar o tributo desse gesto de socorro.

Quem ama sempre se transforma em mártir do amor.

E o amor somente é autêntico, quando imola quem ama.

Não fora essa grandiosa realidade, e Jesus não se teria permitido imolar por amor a nós todos, comprovando que, se não nos despojarmos das armas morais interiores que engendram a guerra, não triunfará o Bem de que Ele se fez ímpar vexilário, que te propões restaurar e manter na atualidade.

57
CARIDADE PARA COM OS ADVERSÁRIOS

No fundo, o adversário gratuito, que se converte em perseguidor contumaz e sistemático, amargando tuas horas e anatematizando teus esforços dirigidos para o bem, não deve receber tua reação negativa.

Justo te precatares contra a irritação e a cólera, em relação a ele.

Não poucas vezes sentirás a presença da revolta e dos nervos em desalinho, em face da constrição que te é infligida, convertendo-se em duro acicate ao ódio ou pelo menos ao revide. Apesar disso, arma-te de paciência e age com prudência.

O vendaval enrija as fibras do arvoredo, o fogo purifica os metais, a drenagem liberta o lodo, o cinzel aprimora a pedra e a dor acrisola o Espírito.

Observado pela má vontade e confundido pela impulsividade dos perseguidores, serás convidado ao exercício da abnegação e da humildade, preciosas virtudes mediante as quais resgatarás dívidas de outra procedência, enquanto eles, a seu turno, despertarão para a responsabilidade depois.

Porque te persigam, não é lícito te convertas em sicário também.

Todos nos encontramos na Terra em exercício de sublimação espiritual.

Embora te sintas arder nas provocações e sofrer pelas injustiças impostas, não te cumpre qualquer revide infeliz.

Apazigua as paisagens íntimas e prossegue dedicado aos misteres abraçados.

Enquanto te fiscalizem, acusem, duvidem de ti, utilizarás mais a prudência e a temperança, auferindo maior soma de benefícios.

No fragor da perseguição, oferta a tua prece de gratidão em favor dos que se converteram em inimigos gratuitos da tua paz, reservando-te caridade para com eles.

Se insistires desculpando-os, constatarás que, não obstante desconheçam, fazem-se teus mestres ignorados, e graças a essa permanente antipatia ascenderás na direção do Grande Incompreendido da Humanidade que prossegue até hoje esperando por todos nós.

58
CONFIANÇA E AMOR

Se confias na Providência Divina não te agastes em face das incompreensões que te surpreendam no ideal do bem a que te dedicas.

Possivelmente encontrarás pessoas que desfilam na Terra cercadas de bajuladores e ovacionadas pelo entusiasmo geral, sem que, no entanto, se dediquem a qualquer mister de enobrecimento. Por isso mesmo são elogiadas, por outros equivocados que se demoram na inutilidade.

☆

Se te reservas à alegria do serviço nobre, não esperes resultados favoráveis aos teus empreendimentos superiores.

Certamente há muitos que coletam provisões de simpatia e entusiasmo com facilidade, não obstante permaneçam insatisfeitos.

☆

Se preferes a dedicação exclusiva à Seara do Cristo, defrontarás empecilhos e malquerenças onde esperavas que medrariam amor e fraternidade.

É provável que noutros campos de ação compareçam sorrisos e gentilezas de caráter exterior, porquanto os homens são sempre homens – nem anjos nem demônios – lutando contra as imperfeições onde quer que se encontrem.

✥

Se esperas conseguir a perseverança no lídimo serviço da Verdade, não descoroçoes ante injustiças e difamações.

Existem, sim, os que são ditosos e transitam aureolados por títulos de benemerência, requestados por uns e aplaudidos por outros, não, porém, indenes à sanha da inveja, à chuva do despeito, feridos pela flecha da impiedade dos negligentes e malfeitores contumazes.

✥

Na Terra, a felicidade somente é possível quando alguém se esquece de si mesmo para pensar e fazer tudo que lhe seja possível em favor do seu próximo.

A felicidade perfeita, se existisse no mundo, diluir-se-ia ante uma criança infeliz, um enfermo ao abandono, um velhinho relegado ao esquecimento...

Não pretendas, portanto, ouropéis enganosos, cortesias especiais, reconhecimento imediato, favoritismo, ou mesmo, entendimento fraternal...

Como não é correto cultivar pessimismo, não é proveitoso sustentar ilusão de qualquer matiz.

Se confias na misericórdia de Deus, trabalha sem desfalecimento e ama em qualquer circunstância, sem distinção nem preferências, recordando Jesus, que embora Modelo Ímpar, não encontrou, ainda, no mundo o entendimento nem a aceitação que merece.

59
Auxílio a sofredores

Diante deles, os sofredores de qualquer jaez, policia a conduta no ato de ajudá-los.

Tragam-te ao conhecimento problemas econômicos, morais ou de saúde, não te revistas de falsa superioridade, assumindo a aparência de benfeitor, com que poderás constrangê-los, adicionando às já existentes, novas aflições.

Cada dificuldade se resolve mediante recurso específico.

Não os padronizes, igualando suas dores somente porque façam parte da imensa massa de padecentes da Terra.

Este deseja externar aflições e receber amizade.

Aquele anseia por socorro imediato, pelo pão ou o medicamento e, talvez, no desespero em que se vê colhido, não disponha das palavras próprias, fazendo-se impertinente, rebelde, inquieto.

Esse, ferido nos dédalos da alma por dardos venenosos, está prestes a sucumbir e necessita de um amigo.

Aqueloutro, desarvorado por inquietações psíquicas e emocionais, perdeu o contato com a realidade objetiva e desvaria, ansiando por alívio.

Propõe-te solidariedade e alcança-os com os teus sentimentos fraternos.

Não os objurgues, amargando o pão que por acaso disponhas para ofertar-lhes.

Nada lhes exijas, em face da moeda ou da palavra que lhes distendas.

Se te escassearem meios externos com que lhes diminuas as penas, recorre ao auxílio espiritual sempre valioso: a prece, a água fluidificada, o passe para a restauração das suas forças. Sempre possuis algo para doar.

⚖

Há quem ajude avinagrando a linfa da generosidade.

Muitos confortam e reprocham simultaneamente.

Diversos socorrem e advertem, chamando a atenção para a dádiva que dispensam.

Uns abrem os braços à dor, mas não ocultam o enfado, a saturação logo nos primeiros tentames, isto quando não exteriorizam o azedume e a censura rude.

Estão na provação hoje, os que não souberam utilizar-se dos bens da vida com a necessária correção no passado.

Sofrem os que iniciam o processo evolutivo por meio da "dor burilamento".

Batem-te à porta, buscam-te o socorro, pedem-te compreensão. Não lhes recuses o amor.

⚖

Jesus recomendou-nos com a Sua autoridade inconteste: *"Batei e abrir-se-vos-á; buscai e achareis; pedi e dar-se-vos-á"*.

Se esperas encontrar à tua disposição a Misericórdia Divina, amanhã, sê, agora, o mensageiro dela em relação aos que te batem à porta, te pedem e te buscam, executando o mais meritório esforço na caridade sem jaça: dar e dar-se sempre sem limite.

60
TERAPÊUTICA DO AMOR

Perante os irmãos desencarnados, em desfalecimento moral e amargura perturbadora, reflete a tua situação íntima antes de dirigir-lhes a palavra, nos abençoados momentos de intercâmbio mediúnico.

Eles apresentam o resultado da imprevidência e do desacato às soberanas leis do equilíbrio, ora colhidos pela dor que os amesquinha.

Não se conscientizaram das responsabilidades que lhes repousavam sobre os ombros. Fugindo ao dever, derraparam pelas encostas sombrias da turbação íntima em que ainda se encontram.

Se te não cuidares, neles já poderás identificar o que te aguarda.

Vêm em busca de auxílio; ajudam-te, porém, mediante a silenciosa advertência do que te ocorrerá, caso não te firmes nas disposições e atitudes salutares.

Por isso, unge-te de compreensão e fala-lhes com a ternura de irmão e o respeito de amigo.

O amor que lucila em ti e te apazigua, leni-los-á, e o argumento sincero, sem floreios nem azedume, despertá-los-á.

De forma alguma incidas na discussão infrutífera ou no preciosismo da linguagem vazia de significação fraternal.

Sem a preocupação de fazer retórica, lembra-te que te ouve, além daquele que se utiliza da instrumentalidade mediúnica, momentaneamente, um *público* curioso, ávido de sensacionalismo, com céticos e cínicos, enfermos e atônitos, perseguidores e maus reunidos pela excelsa misericórdia de nosso Pai, a fim de que, também, possam desfrutar da abençoada oportunidade.

Evita a astúcia do sofisma pelo jogo das palavras. Não te encontras numa pugna verbal, da qual devas sair vencedor. A tua preocupação deve ser a de esclarecer e medicar a ulceração que lhe consigas identificar. Os resultados pertencerão ao Senhor.

Incitado ao debate por aqueles que se comprazem em perturbar, declina com humildade da justa improcedente.

Nem vencer o interlocutor, nem mesmo convencê-lo, antes, socorrê-lo, deve ser a inspiração que te emule ao diálogo.

Diante deles, os desencarnados que sofrem, embora alguns não se deem conta, coloca-te na posição de quem usa a terapêutica espiritual do amor em si mesmo.

Como não é justo o arrazoado contundente, nunca é oportuno o pieguismo improdutivo.

Desde que coexistem os dois mundos – aquele no qual se encontram e o em que deambulas –, os problemas, por sua equivalência, merecem o mesmo tratamento.

Sê, então, autêntico, no sentido positivo.

Não aparentes uma posição superior, conselheiral, rebuscada, autoritária ou excessivamente piedosa, simulada, com rasgos de uma emoção que não sintas.

O bem é simples e a sua linguagem singela dispensa as pesadas bagagens da aparência. Exterioriza-se sutilmente, antes que estronde dominador...

Não acreditarão na tua palavra os desencarnados com os quais dialogues.

Todo conceito nobre ajudá-los-á. Todavia, permeia-te dos ensinos que lhes ministres. Incorpora-os ao comportamento cotidiano, não apenas porque te ajudarão a ascender e libertar-te das paixões, como porque os teus ouvintes te acompanharão a verificarem se apenas falas, ou se vives as disciplinas que ministras, lutando contra as imperfeições que profligas.

Em última análise, quem se faz instrutor deve valorizar o ensino, aplicando-o em si próprio.

Com natural esforço, a pouco e pouco despoja-te das mazelas que afeiam a transparência das tuas realizações e aproveita o ensejo de, mantendo contato com os irmãos que já defrontam a consciência livre, aprenderes que te encontras no mundo em processo de purificação, precioso e relevante, e o não podes desperdiçar.

As palavras repassadas de lealdade, que fluem da fonte inexaurível da experiência pessoal, possuem cativante, envolvente magnetismo que lhes atesta a excelência.

Pondera, pois, na tua transitória situação. Quiçá, no futuro, invertam-se os papéis: quem ora te busca, poderá estar no teu lugar, enquanto lhe ocupes a posição.

A desencarnação e a reencarnação constituem portas de acesso à vida em expressões diferentes.

Se, apesar de tudo, desejando esclarecer os nossos irmãos em desalinho espiritual, não lobrigares o êxito que te parece ideal, não descoroçoes.

Toda tentativa de amar e ajudar é sempre válida, senão para quem pede, ao menos para quem se dispõe a doar.

E se hoje não te puderem entender os desencarnados entorpecidos pela anestesia da leviandade, posteriormente valorizarão a tua tentativa de servi-los, e, por isso, não te amarão e respeitarão menos.

Tudo é válido na economia do Bem, na Casa do Pai Celestial, em que, por enquanto, transitamos entre as vibrações da estação terrena.